Einladung zur Glückskompetenz

So stärken Sie Ihre seelische Widerstandskraft!

Der Autor

Wolfgang Brylla wurde am 14.11.1953 in Düsseldorf geboren. Seitdem hat er die Welt aus unterschiedlichen Perspektiven betrachten gelernt. Dabei konnte er viele interessante und spannende Eindrücke und Erfahrungen gewinnen. Er hat Musik gemacht, in Bands gespielt, gemalt, gebaut und unterrichtet und ist viel gereist. Er lebt seit 1983 in Aachen, wo er eine Praxis für Kommunikation und Persönlichkeitsmanagement leitet. Seit 2002 arbeitet er mit eigenem Programm und Angebot. Er ist NLP-Lehrtrainer und Lehrcoach, Master Business- und Management-Coach, Seminarleiter, Architekt, Buchautor und Schriftsteller.

Die Integration von Bewährtem und Neuem, von NLP, systemischen Ansätzen, Methoden der humanistischen Psychologie, der Quantenphysik sowie der aktuellen Gehirnforschung spielen in seiner Arbeit eine große Rolle.

Inhaltsverzeichnis

Vorwort

„Ich verlange nicht, dass Sie mir Glauben schenken. Ich mache mich nicht zur Autorität. Ich habe Sie nichts zu lehren – keine neue Philosophie, kein neues System, keinen neuen Pfad zur Realität. Es gibt keinen Pfad zur Realität, ebenso wenig zur Wahrheit.....Wenn Sie aber erkennen, dass die Wahrheit etwas Lebendiges ist, das in Bewegung ist, das keine bleibende Stätte hat, das in keinem Tempel, keiner Moschee oder Kirche zu finden ist, wohin Sie keine Religion, kein Lehrer, kein Philosoph führen kann – dann werden Sie auch erkennen, dass dieses Lebendige das ist, was Sie in Wirklichkeit selbst sind...“

Ich möchte diese Aussage des indischen Philosophen und Lehrers Krischnamurti (1895 – 1986) an den Beginn meines Buches stellen. Denn die Wahrheit ist für jeden Menschen etwas Individuelles und damit ist auch das, was der Mensch für sein Glück hält, eine ganz persönliche Angelegenheit. Mit Glückskompetenz bezeichne ich die Fähigkeit, dieses persönliche Verständnis von Glück im Lebensalltag zu realisieren. Sie ist für mich das, was heute auch als Resilienz oder die seelische Widerstandskraft bezeichnet wird.

Die Idee zu diesem Glückskompetenz-Leitfaden entstand aus meiner langjährigen Tätigkeit als Führungskraft, als selbstständiger Kommunikations- und Lehrtrainer, Coach und freiberuflicher Dozent. Hinzu kamen die Anregungen meiner Seminarteilnehmer und Klienten.

In meinen Trainings und Coachings geht es in erster Linie um das Erreichen persönlicher und beruflicher Ziele. Dabei biete ich den Teilnehmern und Klienten Methoden und Techniken, die sie in die Lage versetzen, eigenständig die geeigneten Lösungen zu finden und umzusetzen. Daraus entsteht eine persönliche Kompetenz, die wesentlich zu dem glücklichen Leben beiträgt, das sich die Menschen wünschen. Diese Kompetenz nenne ich die „Glückskompetenz".

Ich habe dabei die Erfahrung gemacht, dass jeder Mensch einen großen Einfluss auf sein persönliches Lebensglück ausüben kann. In meinen Vorträgen und Seminaren zeige ich, wie Einstellungen positiv verändert werden können. Dazu liefere ich praktische Übungen, die helfen, aktiv und selbstständig zu individuellem Glück zu finden. Die Teilnehmer lernen, wie sie Glückskompetenz entwickeln und nutzen können.

Bei meinen Betrachtungen fand ich eine interessante Übereinstimmung zwischen der antiken Philosophie, dem Buddhismus und den modernen Neurowissenschaften, die alle behaupten: Glücksgefühle sind eine Folge der richtigen

Gedanken und Handlungen, die durch Wiederholungen und Gewohnheiten trainiert werden können.

In diesem Buch erhalten Sie die Antworten auf folgende Fragen: Was ist Glückskompetenz? Wie erlangt man Glückskompetenz? Was sind glücksbehindernde und glücksfördernde Überzeugungen und wie kann man sie nutzen?

Auf einer Reise in die Welt des Gehirns erforschen Sie die Schaltzentralen und Entscheidungszentren im Körper ebenso wie die des Unbewussten.

So entwickeln Sie die Kompetenz, Ihre Ziele und Wünsche in die Wirklichkeit umzusetzen. Hierzu zeige ich Ihnen praktische Übungen, Techniken und Modelle für Ihre eigene Glückskompetenz im Alltag, mit der Sie das Beste für sich und Ihr Lebensglück zu erreichen können.

„Du bist heute das Ergebnis dessen,
was du gestern gedacht hast."
(Buddha)

Einleitung

Glück und Glücksgefühle werden von jedem Mensch unterschiedlich erlebt und gelebt. So empfindet der eine schon Glückseligkeit, wo der andere noch hadert und klagt. Das tägliche Glück individuell zu erleben und die eigenen Grenzen zu gestalten ist Ziel dieses Buches.

Haben Sie sich schon einmal gefragt, was Glück für Sie bedeutet? Spielt es überhaupt für Sie eine Rolle, Glück zu empfinden?

Glücksforscher sagen, dass Glück und Unglück voneinander unabhängig auftreten. Negative Gefühle schließen positive Gefühle nicht aus. Weder körperlich noch gefühlsmäßig gilt ein "entweder - oder", wir Menschen können uns gleichzeitig glücklich und unglücklich fühlen.

In der Gehirnforschung weiß man, dass positive und negative Gefühle im Gehirn an unterschiedlichen Stellen erzeugt werden. Bei negativen Gefühlen ("Unglück") ist eher die rechte Seite des Stirnhirns aktiv, bei positiven Gefühlen ("Glück") die linke Seite.

In welchem Verhältnis stehen Glücksgefühl und Erfolg in Beruf, Beziehungen oder Einkommen zueinander? Viele Studien zeigen, dass Menschen mit positiven Gefühlen ihre Umwelt auch positiver betrachten und sensibler für die

Belohnungen aus ihrer Umwelt sind. Sie sehen eher die Möglichkeiten als die Schwierigkeiten. Sie erleben die Fülle des Lebens, und für diese Menschen ist das berühmte Glas halb voll.

Die Studien sagen auch, dass sie anderen Menschen wohlwollender gegenübertreten und offen entgegen kommen. Glückliche Menschen sind bessere Schüler, finden leichter bessere Jobs, werden besser bewertet und steigen schneller auf, sind produktiver, besser im Management und zufriedener bei ihrer Arbeit. Glückliche Menschen helfen und engagieren sich stärker, dafür haben sie auch mehr Freunde und erhalten mehr Unterstützung. Und glückliche Menschen sind auch gesünder und haben bessere und stabilere Beziehungen. Wer glücklich ist, ist zufrieden in seinem Beruf und in seinem Privatleben – und kann diese Zufriedenheit auch weitergeben.

Vielleicht fragen Sie sich, was Sie dazu tun können, um diesen Zustand zu erlangen. Ist nicht alles eine Frage der Herkunft, der Erziehung oder des Schicksals?

Ich habe die Erfahrung gemacht, dass jeder Mensch einen großen Einfluss auf das persönliche Lebensglück ausüben kann. Diese Fähigkeit wird als Resilienz bezeichnet, wie die psychische Widerstandskraft oder das seelische Immunsystem auch genannt wird, welche den Menschen in die Lage versetzt, Krisen und schwierige Zeiten für ihn zufriedenstellend zu meistern. Mit Hilfe dieses Buches erhalten Sie die Möglichkeit, diese Fähigkeit zu entwickeln oder zu stärken, indem Sie lernen, einschränkende Verhaltensweisen und negative oder belastende Gefühle wie Angst und Stress so zu verwandeln, dass Sie in der Lage sind, Ihr Leben reicher und beglückender zu gestalten. Sie werden erfahren, wie Sie Ihre Einstellung positiv beeinflussen und Einschränkungen in Ihrem Glückserleben erkennen und ablegen können. Dazu werden Sie praktische Übungen kennenlernen, die Ihnen helfen, aktiv und selbstständig zu Ihrem Glück zu finden und damit Ihr seelisches Immunsystem für die Anforderungen des Lebens stark zu machen.

„Glück ist wie Parfum,
man kann es nicht über
einen anderen verschütten,
ohne selbst etwas davon
abzubekommen."
(Ralph Waldo Emerson)

Kapitel 1

Das Glück

Was ist Glück?

Es war einmal ein alter Mann, der zur Zeit Lao Tses in einem kleinen chinesischen Dorf lebte. Der Mann besaß ein wunderschönes Pferd, einen Schimmelhengst, um den ihn alle im Dorf beneideten.

Als der König von dem Hengst hörte, wollte er ihn unbedingt besitzen. Er bot einen fantastischen Preis, aber der alte Mann sagte: „Dieses Pferd ist mein bester Freund. Ich kann doch meinen besten Freund nicht verkaufen." Der König bot mehr und mehr Geld, aber der alte Mann gab sein geliebtes Pferd nicht her, obwohl er in bitterer Armut lebte.

Eines Tages war der Hengst verschwunden. Nachbarn kamen und sagten: „Du Dummkopf, warum hast du das Pferd nicht an den König verkauft? Nun ist es gestohlen worden, und du hast gar nichts mehr. Was für ein Unglück!"

Der alte Mann schüttelte den Kopf: „Keiner weiß, ob es ein Unglück war. Das Pferd ist nicht im Stall. Mehr wissen wir nicht."

Ein paar Tage später war der Hengst wieder da. Und mit ihm waren zwölf Wildpferde gekommen, die sich dem Hengst angeschlossen hatten.

Jetzt waren die Leute im Dorf begeistert. „Du hast Recht gehabt", sagten sie zu dem alten Mann. „Das Unglück war in Wirklichkeit ein Glück. Diese herrlichen Wildpferde – nun bist du ein reicher Mann... "
Der Alte sagte: „Das Pferd ist wieder da. Das wissen wir. Ob die Wildpferde ein Glück sind, kann niemand sagen. Das Leben geht seinen eigenen Weg. Man soll nicht urteilen. "

Die Dorfbewohner schüttelten den Kopf über den wunderlichen Alten. Warum konnte er nicht sehen, was für ein unglaubliches Glück ihm widerfahren war?

Am nächsten Tag begann der Sohn des alten Mannes, die Pferde zu zähmen und zuzureiten. Nach einer Woche warf ihn eine Stute so heftig ab, dass er sich beide Beine brach.

Die Nachbarn im Dorf versammelten sich und sagten zu dem alten Mann: „Du hast Recht gehabt. Das Glück hat sich als Unglück erwiesen. Dein einziger Sohn ist jetzt ein Krüppel. Und wer soll nun auf deine alten Tage für dich sorgen? "

Aber der Alte blieb gelassen und sagte zu den Leuten im Dorf: „Mein Sohn hat sich die Beine gebrochen. Wer weiß, was das zu bedeuten hat? Warten wir ab..."

Ein paar Wochen später begann ein Krieg. Der König brauchte Soldaten, und alle wehrpflichtigen jungen Männer im Dorf wurden in die Armee gezwungen. Nur den Sohn des alten Mannes holten sie nicht ab, denn den konnten sie an seinen Krücken nicht gebrauchen.

„Ach, was hast du wieder für ein Glück gehabt!" riefen die Leute im Dorf. Der Alte schüttelte den Kopf und sagte: „Wer weiß, wer weiß..."

Das Glück ist am Ende nur bei dem, der vertrauen kann.

Sprachwissenschaftler beschreiben als Herkunft des Wortes "Glück"

ab dem 12. Jahrhundert die Worte "Gelucke" im Mittelnieder-deutschen und "Gelücke" im Mittelhochdeutschen. Beide Worte stammen vom Verb "gelingen", das sich wiederum vom Wort "leicht" ableitet. Glück bedeutete demnach ursprünglich also soviel wie das Gelungene, das leicht Erreichte oder der günstige Ausgang eines Ereignisses.

Glück ist sowohl ein Gefühl als auch ein Zustand. Beides zeichnet sich durch ein allgemeines, oft unbewusstes Wohlbefinden aus. Entscheidend sind dabei nicht die objektiven Tatsachen, sondern ihr subjektives Erleben.

- In der französischen Sprache heißt Glück „bonheur", auf deutsch die „gute Stunde".
- Die römische Glücksgöttin Fortuna hält das Schicksal in der Hand.
- Der Schornsteinfeger verhindert Brände und bringt Glück.
- Hans im Glück tauschte sich arm und war glücklich dabei.
- Buddha fand Wahrheit und Glück in sich selbst.

Jeder Mensch hat ein Recht auf Glück. Ist Glück jedoch reine „Glückssache"?

Eine wesentliche Rolle bei den unterschiedlichen Vorstellungen vom Glück spielt die Kultur, in der die Menschen aufwachsen. Dieser kulturelle Einfluss kann beachtlich sein. In der westlichen Kultur liegen die Stärken in individualistischen Werten, deren Ziel das Wohlergehen des Einzelnen ist. Glück findet hier in erster Linie im persönlichen Bereich statt.

Dagegen liegen in der fernöstlichen Kultur oft die Werte in der Hinwendung zur Gruppe. Glück ist ein Gut, welches in und durch die Gemeinschaft erlebt wird.

Aber bei allen kulturellen Unterschieden ist das Glücksempfinden des Einzelnen durch einige wesentliche Merkmale gekennzeichnet. Als glücklich verstehen Glücksforscher die Menschen, die öfter positive Gefühle wie Freude, Stolz oder Interesse zeigen und weniger oft ängstlich, ärgerlich oder traurig sind.

Ein kurzes Glück empfinden können Sie zum Beispiel bei einem guten Essen, beim Sex oder wenn Sie mit Freunden zusammen sind. Dauerhaftes Glück können Sie empfinden, wenn z.B. Ihr Leben gelingt, Sie echte Zufriedenheit empfinden oder wenn Sie Ihre Lebensziele erreichen.

Inzwischen wird die gesellschaftliche und wirtschaftliche Bedeutung des Glückserlebens in wissenschaftlichen Kreisen anerkannt. Ein neuer Forschungszweig wird als „Glücksökonomie" oder „Happiness Economics" bezeichnet. Hier untersuchen Wirtschaftsinstitute wie die *New Economics Foundation (NEF)*[1], inwieweit Geld und Wohlstand glücklich machen und welchen Einfluss diese auf den Erfolg einer Gesellschaft haben.

Groß angelegte amerikanische Studien zeigen, dass dabei nicht unbedingt Arbeit und Leistung das Glücklichsein nach sich ziehen. Wer bereits glücklich ist, wird oft genug durch Erfolg belohnt. Nicht der Erfolg macht also glücklich, sondern glückliche Menschen werden oft durch den Erfolg in Arbeit, in Beziehungen und Gesundheit belohnt. Glückliche Menschen sind in aller Regel auch im persönlichen und beruflichen Leben erfolgreicher. Glücklichsein verstärkt sich selbst.

In einer weiteren Studie fanden die Glücksökonomen heraus, dass Reiche nicht glücklicher sind als andere Menschen. 100 befragte amerikanische Millionäre mit jeweils mehr als 100 Millionen Dollar Vermögen fühlten sich zu 67 Prozent glücklich, zufällig ausgewählte Amerikaner zu 62 Prozent - der Unterschied ist statistisch nur unwesentlich.

---

[1]

Unabhängiges britisches Forschungsinstitut

Ebenso stellten sie fest, dass, obwohl das Realeinkommen und der Lebensstandard in den USA seit den 50er Jahren um das Doppelte angestiegen sind, der Anteil an glücklichen Menschen mit diesem Wohlstand nicht mitgehalten hat, sondern konstant blieb.

Die NEF (New Economics Foundation) erstellte in Zusammenarbeit mit der Umweltschutzorganisation *Friends Of The Earth*[2] («Freunde der Erde») den so genannten *Happy-Planet-Index.*

Auf der Grundlage von Daten zu Lebenserwartung, Lebenszufriedenheit und Umweltbelastung wurde eine Studie über die glücklichsten Völker erstellt.

Hiernach ist der glücklichste Ort der Welt der Südsee-Inselstaat Vanuatu. Die Inselgruppe im Pazifik mit ihren etwas mehr als 200.000 Einwohnern ist nach Einschätzung der Stiftung (NEF) der Ort, an dem es sich weltweit am besten leben lässt. „Die Leute hier sind glücklich, weil sie mit wenig zufrieden sind. Das Leben dreht sich um die Gemeinschaft, um die Familie und um das, was man anderen Leuten Gutes tun kann. Das ist ein Platz, wo man sich keine großen Sorgen machen muss."

---

[2]   Internationaler Zusammenschluss von Umweltschutzorganisationen

Auf Platz zwei kommt Kolumbien, auf Platz drei Costa Rica.

Die meisten Industriestaaten landen weit abgeschlagen auf den hinteren Rängen. Dabei rangiert Deutschland auf Platz 81 noch deutlich vor den meisten anderen entwickelten Ländern. Lediglich Italien, Österreich und Luxemburg lagen vor Deutschland.

Bei einem weiteren Ländervergleich von 54 Ländern der Erde hinsichtlich des Glücksniveaus der Einwohner lag Deutschland an Position 33. Die Plätze 1 und 2 belegten die armen Länder Venezuela und Nigeria.

Nicht Geld und Wohlstand sind in erster Linie ein Garant für das Glück, auch wenn Sie mehr Möglichkeiten bieten, um die Lebensbedingungen so zu gestalten, dass ein glückserfülltes Leben möglich ist. Aber die innere Bereitschaft und die Offenheit dafür, glücklich zu sein, lassen sich nicht mit Geld oder Wohlstand erkaufen. Das zeigt auch die Studie, in der Andrew Oswald von der britischen Warwick University Lottogewinner untersuchte. Dabei fand er heraus, dass die Mehrzahl der Befragten nach kurzer Euphorie in Trübsinn versank; drei Jahre nach dem Ereignis überstieg die Zahl der Depressiven unter ihnen den Durchschnitt der Bevölkerung.

Was ist also Glück?

Einer Antwort kann man sich auf die folgende Weise nähern.

Glück besitzt immer zwei Seiten, eine starke emotionale und eine weniger starke rationale.

Glücksgefühle betreffen den ganzen Menschen. Sie wirken tief und positiv auf seine Sicht des Lebens. Sie öffnen die Sinne und die Wahrnehmung. Das führt zu immer neuen Möglichkeiten in der Lebensführung und Gestaltung.

Glück und Zufriedenheit sind jedoch nicht identisch. Das Vermeiden von Unglück bedeutet nicht gleichzeitig Glück. Glückszustände haben nichts mit einer privilegierten Lebensstellung zu tun. Glück entsteht im richtigen Umgang mit sich selbst und der Welt.

Glück ist immer gelungenes Leben! Was als gelungen angesehen werden kann, wird durch den Sinn bestimmt, den der Mensch dem Leben gibt und durch das, was er im Leben zu finden hofft.

Was macht den Sinn?

Ein Spaziergänger beobachtet einen Mann am Strand, der sich fortwährend bückt, um einen Seestern nach dem anderen aufzuheben und ins Wasser zurückzuwerfen.

"Was machen Sie da?" fragt er. "Ich werfe Seesterne, die auf den Strand gespült wurden, zurück ins Wasser..."
"Aber hier liegen doch tausende und abertausende, die angespült wurden.... welchen Sinn macht es, wenn sie die paar Seesterne, die sie im Lauf des Tages aufheben können, zurückwerfen???"

Der Mann lächelte. "Für diesen hier macht es einen Sinn!" und warf den Seestern zurück ins Wasser, um sich dann in aller Ruhe nach dem Nächsten zu bücken...

Glück und Philosophie

Warum existiert Glück?

Im Verlauf der Menschheitsgeschichte entwickelten sich unterschiedliche Vorstellungen vom Glück. Hierbei nahmen die wissenschaftlichen, religiösen und philosophischen Strömungen jeweils eine beherrschende Stellung als sinngebende Instanzen ein. Indem sie neue Menschenbilder beschrieben, veränderte sich auch das allgemeine Verständnis von Glück. Offensichtlich aber ist es ein zutiefst menschliches Bedürfnis, Glück zu erleben. Denn wenn sich auch die inhaltliche Bedeutung von Glück in den verschiedenen Zeitepochen änderte, so blieb es immer eine Form der Beschreibung dessen, was dem Leben einen Sinn verlieh.

Ging man z.B. davon aus, dass der Mensch nichts weiter als eine Art höher entwickeltes Tier sei, so wurde das Glück des Menschen in erster Linie darin gesehen, seine natürlichen, triebhaften Bedürfnisse zu befriedigen. Betrachtete man den Menschen dagegen primär als ein geistiges Wesen, verpflichtet einer höheren geistigen Welt, so entsprach die Befriedigung der geistigen Bedürfnisse dem Glücksverständnis.

Bis zur Mitte des 16. Jahrhunderts versuchte der Mensch, die natürliche Ordnung der Welt zu verstehen. Im Mittelpunkt stand dabei das Verständnis von Gott als

Schöpferkraft des Universums. In der Mitte des 16. Jahrhunderts begründeten Wissenschaftler und Philosophen wie Descartes und Newton ein neues Bild der Welt, welches sich bis in die heutige Zeit erhalten hat. Sie entwarfen ein mechanistisches Bild, in welchem die einzelnen Elemente vom Universum bis hin zum Einzeller auf der Erde als Materie beschrieben wurden, die festen Gesetzmäßigkeiten folgen und somit berechenbar sind.

Am Anfang des 20. Jahrhunderts erzielten Wissenschaftler wie Nils Bohr, Luis de Brogli oder Werner Heisenberg bahnbrechende Ergebnisse in der Quantentheorie, die der vorherrschenden mechanistischen Theorie widersprachen. Das Axiom der Quantenphysik und Quantenmechanik besagt, dass, wenn man tief genug in die Materie eindringt, die Materie verschwindet und sich in unendliche Energie verwandelt.

So haben die unterschiedlichen Erklärungsversuche, was das Wesen der Welt sei, zu allen Zeiten auch die Vorstellung der Menschen davon geprägt, was Glück ist und wie man es erlangen kann.

Stellvertretend möchte ich einige Denker und Philosophen unterschiedlicher Zeitepochen und Richtungen bemühen, um das wechselnde Bild vom Verständnis des Glücks darzustellen. Beginnen wir mit den ersten philosophischen Beschreibungen im Altertum.

Für Aristoteles (384 – 322 v.Chr.), der neben Platon und Sokrates zu den bedeutendsten Philosophen des Altertums zählt, war Glück Tugend und Tüchtigkeit.

Aber in der Antike gab es auch Philosophen, deren Wirken auf das Ergründen des individuellen Lebensglücks bzw. Seelenheils gerichtet war. Einer von ihnen war der auf Samos geborene Philosoph Epikur (341 – 271 v. Chr.). Als Begründer dieser philosophischen Schule war für ihn das Glück Unerschütterlichkeit und körperliche Gesundheit.

1500 Jahre später schrieb der Dominikanerpater, Philosoph und bedeutende Kirchenlehrer des Mittelalters, Thomas von Aquin (1225 – 1274 n.Chr.):
„Glück ist, die Gebote Gottes zu halten"

Die Vorstellung von Glück in der Renaissance beschreibt Pico della Mirandola (1463 – 1494 n. Chr.) ein Humanist und bekannter Philosoph dieser Zeit:
„Glück ist der Mensch selbst".

Martin Luther (1483 – 1546 n. Chr.) wollte die seiner Meinung nach stattfindende Fehlentwicklung der Katholischen Kirche beenden und veränderte durch seine Reformation der Kirche das mittelalterliche Weltbild nachhaltig. Seine Vorstellung von Glück war:
„Glück ist die Gnade Gottes".

Rene Descartes (1596 – 1650) war als Philosoph, Mathematiker und Naturwissenschaftler ein wesentlicher Wegbereiter der heutigen Naturwissenschaften. Er fand:
„Glück ist Zufriedenheit".

Thomas Hobbes (1588 – 1679), ein englischer Mathematiker, Staatstheoretiker und Philosoph der frühen Neuzeit, fand:
„Glück heißt, den Begierden folgen."

Der Philosoph John Locke (1632 – 1704) beschreibt als Hauptvertreter der britischen Aufklärung und des britischen Empirismus das Glück als „ein Höchstmaß an Vergnügen".
Im Zeitalter der Aufklärung trug der aus Königsberg stammende Philosoph Immanuel Kant (1724 – 1804) wesentlich zu einem Wendepunkt in der abendländischen Philosophie bei. Für ihn war klar:
„Glück ist Pflicht".

Zur gleichen Zeit wie Kant lebte der Philosoph, Ökonom und Historiker David Hume (1711 – 1776). Als bedeutendster Vertreter der britischen Aufklärung beschrieb er Glück als „das, was allen nützt".

Ein Vertreter der gegenwärtigen Philosophie ist John Rawls (1921 – 2002). Er entwickelte eine Theorie der Gerechtigkeit, die er als Grundlage von Glück ansieht. Für ihn ist ein Mensch glücklich, wenn sich sein langfristig vernünftigster Lebensplan als gelungen erweist.

Ein anderer zeitgenössischer Philosoph, Ludwig Marcuse (1894 – 1974), schreibt in seiner „Philosophie des Glücks": „Mein Glück ist der Augenblick tiefster Übereinstimmung mit mir selbst."

Weniger philosophisch oder wissenschaftlich versuchten die einfachen Menschen aller Zeiten ebenso intensiv dem Glück in Märchen, Fabeln und Legenden auf die Spur zu kommen.

Die Vielzahl der Betrachtungsweisen, die in den unterschiedlichen Epochen über das Glück angestellt wurden, zeigen uns, dass die eigene Glückskompetenz immer in der persönlichen Vorstellung von dem begründet liegt, was Glück für den Einzelnen bedeutet. Und immer liegt bei der Betrachtung des Glücks die Sinngebung des eigenen Lebens zu Grunde.

Daher möchte ich Ihnen nun diese Fragen stellen.

Was bedeutet Glück für Sie?

Wie sieht es mit Ihrem Verständnis von Glück aus?

Haben Sie sich schon einmal die Frage beantwortet, was Glück ganz speziell für Sie bedeutet?

Ich möchte Sie einladen, die Fragen in der folgenden Übung zu beantworten.

Welches ist Ihre Annahme von Glück?

Beschreiben Sie kurz, was Glück für Sie bedeutet. Nehmen Sie sich dazu bitte ein paar Minuten Zeit und beantworten Sie die folgenden Fragen.

Was bedeutet für Sie Glück und woran merken Sie, wenn Sie dieses Glück besitzen?

Warum könnte es sich für Sie lohnen, Ihre Glückskompetenz zu entwickeln?

Wie Glück entsteht

und

wie es wirkt

Glück und Psychologie

Die psychologische Sicht auf das Glück

In der Psychologie entstand in den letzten Jahren ein neuer Forschungsbereich, den man als "Positive Psychologie" bezeichnet. Bei dieser Richtung der psychologischen Forschung steht das Glücksempfinden des Menschen im Blickpunkt. Dabei stellten die Forscher fest, dass wir uns glücklich fühlen, wenn in unserem Leben die Zahl der positiv empfundenen Momente die negativen überwiegt. Glück kann aktiv hergestellt werden und entsteht nicht einfach passiv, durch das Wegfallen von Unglücklichsein, Schmerz oder Stress.

Der israelisch-amerikanische Psychologe, Nobelpreisträger und Glücksforscher Daniel Kahnemann von der Princeton Universität unterscheidet dabei drei Arten des Glücks:

1.   Einen momentanen Glückszustand,
2.   Eine Glücks-Grundstimmung und
3.   Ein zukünftig erwartetes Glück.

Im momentanen Glückszustand erlebt der Mensch Gefühle von Glück und Hochstimmung, die nur kurz anhalten.

Die Glücks-Grundstimmung beschreibt ein ständiges Glücksniveau, welches ein Mensch in sich trägt.

Das zukünftig erwartete Glück bezieht sich auf Ereignisse, die in der Zukunft liegen, also noch nicht wirklich sind.

Alle drei Glückszustände haben unterschiedliche Ursachen, Zusammenhänge und Wirkungen.

Allgemein gilt Glück bei Kahnemann unter anderem als die Empfindung der absoluten Harmonie unseres Bewusstseins. Wir gehen in unserem augenblicklichen Tun auf, alles um uns herum, einschließlich der Zeit verschwimmt und spielt keine Rolle mehr, was auch als „Flow" bezeichnet wird. Als Auslöser für Glücksgefühle werden die Übereinstimmung von Erwartungen mit wahrgenommenen Umständen oder die Befriedigung von Bedürfnissen betrachtet.

In den Anfängen der modernen psychologischen Geschichte wurde Glück in der psychoanalytischen Definition als die Harmonie von Ich, Über-Ich und Es dargestellt. Der Begründer der Psychoanalyse, Siegmund Freud (1856 – 1939), sieht im Streben nach Glück den zentralen menschlichen Lebenszweck, wobei er Glück vorwiegend über die Abwesenheit von Schmerz und Unlust und das Erleben von starken Lustgefühlen definiert. Andere Analytiker kommen zu weiteren oder ergänzenden Theorien.

1908 definierte der englisch-amerikanische Psychologe W. McDougall Glück als "das harmonische Zusammenwirken aller Gefühle einer gutorganisierten und einheitlichen Persönlichkeit". Je reicher, einheitlicher, entwickelter und integrierter die Persönlichkeit ist, umso mehr ist sie zu dauerhaftem Glück fähig.

Lebensglück erscheint in psychologischen Untersuchungen als eine relativ stabile, durch den Lebenslauf aufgebaute Persönlichkeits-eigenschaft. Längsschnittstudien zeigen, dass sich der Grad an persönlichem Lebensglück wenig ändert, auch wenn sich die Lebensumstände völlig wandeln.

Der amerikanische Psychologe Abraham H. Maslow schließlich stellte 1962 die Theorie auf, dass wir Menschen von zwei Arten von Bedürfnissen beeinflusst werden: den Defizit- und den Wachstumsbedürfnissen. Die Befriedigung dieser Bedürfnisse ist auch verantwortlich für das Erleben von Glück.

Auch die Sexualität findet ihren Platz in der psychologischen Glücksforschung. Hiernach erlebt der Mensch in drei Phasen seine Glücksmomente:

1.   Durch Erotik,

2.   in der Romantik und

3.   durch Zuneigung .

Zu Beginn einer Beziehung reichen die erotischen Herausforderungen aus, um Glück auszulösen. Bleibt es aber dabei, besteht die Gefahr, dass die Beziehung schal und langweilig wird. Um das zu verhindern, muss sie immer komplexer werden, die Partner müssen neue Potenziale wie Romantik und Zuneigung in sich selbst und bei einander entdecken – so trägt Sexualität auf Dauer zum Lebensglück bei.

Martin Seligmann, der Leiter des *Positive Psychology Center* (Zentrum für positive Psychologie) der University of Pennsylvania, beschreibt Glück als „Angelegenheit der Wünsche, die man hat", als das „Erreichen bestimmter Dinge aus einer Liste erstrebenswerter Ziele."

Fazit:

Nach der Vorstellung der Vertreter der *Positiven Psychologie* setzt sich echtes Glück zusammen aus einem angenehmen und sinnerfüllten Leben, aus Engagement und der Erfüllung persönlicher Sehnsüchte. Glück wird in der Auffassung der *Positiven Psychologie* erlebt, wenn bestimmte Kriterien erfüllt sind. Vor allem sind dies ein aktives und soziales Leben, Konzentration auf das Gute und Genussvolle, realistische Erwartungen und gute, positive Gedanken.

Glück und Medizin

Der medizinische Ansatz in der Glücksforschung

Aus Sicht der heutigen Medizin sind bestimmte chemische Prozesse im menschlichen Körper für unsere Glückszustände verantwortlich. In der medizinischen Forschung wurden und werden hierzu immer neue Zusammenhänge entdeckt. Hierdurch soll gezeigt werden, dass nicht der Gedanke, die Überzeugung allein für das Erleben von Glück zuständig ist, sondern dass es dazu auch gewisser körperlicher Reaktionen bedarf.

Jedes Gefühl und jede Emotion erzeugt einen oder mehrere chemische Stoffe, die im Gehirn produziert werden. Andersherum erzeugen bestimmte chemische Stoffe, die zum Beispiel im Hypothalamus, dem Steuerzentrum unseres Gehirns, hergestellt werden, Gefühle und Emotionen.

Medizinisch bzw. neurobiologisch betrachtet lösen die Neurotransmitter Serotonin und Dopamin zusammen mit Noradrenalin das Glücksgefühl aus. Diese Hormone sind dafür verantwortlich, dass wir uns gut fühlen. Sie vermitteln den Nervenzellen (Neuronen) des Gehirns die Botschaft, die diese dann elektrisch weiterleiten: "Seid glücklich!" Das Gehirn schüttet diese Botenstoffe in unterschiedlichen Situationen aus, z.B. bei der

Nahrungsaufnahme, beim Geschlechtsverkehr oder beim Sport. Sportler können seelische Höhenflüge allein dadurch empfinden, dass sie eben Sport treiben. Die Morphium-ähnlichen Substanzen, die dabei entstehen, hinterlassen solche Glücksboten.

Unsere Glücksgefühle werden dann in unserem Gehirn durch ein Zusammenspiel von Emotionen, Botenstoffen, Rezeptoren, Synapsen und biochemischen Vorgängen erzeugt.

Auch Kohlehydrate spielen bei der Produktion von Serotonin eine wichtige Rolle, was zu der nicht ganz richtigen Vorstellung geführt hat, „Schokolade macht glücklich". Denn der Neurotransmitter Serotonin wird nicht allein durch ihre Aufnahme als Nahrung ausgeschüttet.

Dass der Mensch ein angeborenes Verlangen nach Serotonin hat, ist für den Fortbestand der Menschheit und das Überleben der einzelnen Menschen wichtig. Denn Serotonin wird sowohl bei der Fortpflanzung, als auch bei der Nahrungsaufnahme ausgeschüttet. Der Botenstoff Serotonin in den Synapsen lässt uns ausgeglichen, gelassen und in stressigen Situationen ruhig bleiben.

Einige Drogen veranlassen das Gehirn, die Neurotransmitter Serotonin und Dopamin übernatürlich stark auszuschütten. Das führt dann für die Zeit der Wirkung zu einer starken Überschwemmung mit diesen Botenstoffen. Dieser Zustand kann für den menschlichen Körper ein über mehrere Stunden dauerndes Glücksgefühl hervorrufen.

Doch mit dem schnellen Glück auf Rezept, durch chemische Mittel, Psychopharmaka oder gar Drogen, ist niemand wirklich geholfen. Am Ende verschwindet das Sekundenglück und kehrt sich im schlimmsten Fall ins Unglück. Unsere Glückshormone sind nicht so leicht auszutricksen. Zwar ist deren Erforschung weit fortgeschritten, aber gleichzeitig gilt immer noch, dass Träume, Phantasien und Visionen zu einem tatsächlichen Glück dazugehören. Erst in der Einheit von Körper und Geist entsteht das Glück!

Eine andere und wesentlich gesündere Art der Stimulation des „Glückszentrums" im Gehirn ist das Lachen. Lachen stärkt das Immunsystem. Lachen und Freude sind elementare, typisch menschliche Ausdrucksformen. Schon unsere ersten menschlichen Vorfahren haben gelacht!

Auch stammesgeschichtlich scheint ein Zusammenhang zwischen einem freundlichen Gesicht als Belohnung und dem Glücksempfinden zu bestehen. Lächeln oder ein strahlendes Gesicht signalisieren Belohnung für unsere Taten, machen gute Laune und bewirken ein gutes Allgemeinbefinden.

In einer Studie haben Forscher die Heilkraft der Freude nachgewiesen[3]. Der bloße Gedanke an ein schlechtes Erlebnis führte bei Versuchspersonen sofort zu einer Schwächung des Immunsystems. Das Wachrufen angenehmer Erinnerungen verbesserte sofort die Stimmung und stärkte die Abwehrkräfte. Nach 20 Minuten hatte sich ihr Immunglobulin-Wert verdoppelt. Drei Stunden später waren es sogar 60 Prozent mehr.

Dass ein direkter Zusammenhang zwischen Gerüchen, dem Immunsystem und der Stimmungslage besteht, ist ein weiterer Grund für das menschliche Glücksempfinden. So bewirkt bereits der Duft von Schokolade, dass im Körper deutlich mehr Abwehrstoffe gegen Krankheiten gebildet werden. Dahingegen waren die Immunglobuline bei jenen Versuchspersonen deutlich reduziert, die bei diesem Test an Extrakt von verdorbenem Fleisch schnuppern mussten.

---

3   Prof. David Warburton, Universität von Reading.

Fazit:

Bei allen Beschreibungsversuchen der medizinischen Forschung sollte man allerdings nicht den Fehler machen, zu glauben, dass Glück ausschließlich eine Abfolge von körperlichen Prozessen und Reaktionen ist. Um Glück zu erleben, ist das ergänzende Zusammenspiel von Körper und Seele, von Denken und Leben wichtig. Und Ihre Glückskompetenz gibt Ihnen Gelegenheit, die Anteile in Ihrem Leben in das richtige Verhältnis zu bringen.

„Nicht alle Reichen sind glücklich,
aber alle Glücklichen reich."
(Anonymus)

Kapitel 2

Die Glückskompetenz

Glücklich sein

Ein weiser Mann wurde einmal gefragt, warum er trotz
seiner vielen Beschäftigungen und Unternehmungen immer
so glücklich sein könne.

Er sagte:

"Wenn ich stehe, dann stehe ich,

wenn ich gehe, dann gehe ich,

wenn ich sitze, dann sitze ich,

wenn ich esse, dann esse ich,

wenn ich liebe, dann liebe ich ..."

Dann fielen ihm die Fragesteller ins Wort und sagten:

"Das tun wir auch, aber was machst Du darüber hinaus?"

Er sagte wiederum:

"Wenn ich stehe, dann stehe ich,

wenn ich gehe, dann gehe ich,

wenn ich ... "

Wieder sagten die Leute:

"Aber das tun wir doch auch!"

Er aber sagte zu ihnen:

"Nein -

wenn ihr sitzt, dann steht ihr schon,

wenn ihr steht, dann lauft ihr schon,

wenn ihr lauft, dann seid ihr schon am Ziel."

Was ist Glückskompetenz?

Jeder Mensch besitzt eine ganz persönliche Glückskompetenz. Aber was bedeutet Glückskompetenz? Und wie wirkt Sie auf unser seelisches Immunsystem?

Der Begriff Kompetenz wird in unserer Alltagssprache in unterschiedlichen Zusammenhängen gebraucht und beschreibt so viel wie Zuständigkeit, Fähigkeit oder Qualität. Die Kompetenz zum Glück zu besitzen heißt, die Zuständigkeit und Fähigkeit zu haben, für das eigene Glück zu sorgen und es im Leben da, wo es benötigt wird, zu erzeugen und zu integrieren. Diese Fähigkeit zum Glückserleben wird jedoch nicht vererbt, sondern lässt sich erlernen.

Dass positive oder negative Gefühle stark von uns selbst abhängen, ist weitgehend bekannt. Glückskompetenz besteht aus dem Potenzial an Wahlmöglichkeiten, mit denen Sie dem Glück Ihre Türen öffnen. Sie bietet die Chance, schlechte Zustände in gute zu verwandeln. Sie ist das Zeichen, mit dem Sie dem Glück signalisieren: „Du bist bei mir willkommen!"

Gefühle und Stimmungen setzen den Rahmen für Ihre Gedanken ebenso wie Ihre Gedanken verantwortlich sind für Ihre Gefühle. Begegnen Sie dem Leben mit einer positiven, bejahenden Einstellung, so steigt hierdurch Ihre Offenheit für mögliche Belohnungen. Je häufiger Sie diese angenehmen Empfindungen erleben, desto größer ist Ihr Wohlfühlpotenzial und die Anzahl glücklicher Momente.

Dem Willen zum Glück fällt dabei eine bedeutende Rolle zu. Im Vergleich zwischen der antiken Philosophie, dem Buddhismus und den modernen Neurowissenschaften zeigt sich eine überraschende Übereinstimmung. Alle behaupten sie: Glücksgefühle sind eine Folge der richtigen Gedanken und Handlungen, die durch Wiederholungen und Gewohnheiten trainiert werden können.

Persönliche Glückskompetenz ermöglicht es Ihnen, alleine und mit anderen Ihre Glückszustände selber zu erschaffen und die psychischen Abwehrkräfte zu mobilisieren, wenn dafür Bedarf besteht.

Wann besitzen Menschen Glückskompetenz?

Wenn wir versuchen, den Zustand, den wir Glückskompetenz nennen, zu beschreiben, so könnte das folgendermaßen aussehen:

- Menschen besitzen Glückskompetenz, wenn sie ihr Leben selbst in der Hand haben. Sie sind aktiv am Leben beteiligt.
- Menschen besitzen Glückskompetenz, indem sie kreativ und neugierig sind.
- Menschen besitzen Glückskompetenz, wenn sie nicht auf das Glück fokussiert sind.
- Menschen besitzen Glückskompetenz, wenn sie die vielen kleinen Anlässe des Lebens nutzen, um sich wohlzufühlen und sich zu freuen.
- Menschen besitzen Glückskompetenz, wenn sie realistisch sind bei der Einschätzung ihrer Ziele und Möglichkeiten.
- Menschen besitzen Glückskompetenz, wenn sie ihrem Leben und Handeln einen übergeordneten Sinn geben.
- Menschen besitzen Glückskompetenz durch die richtige Motivation.

Die Welt ist voll von Möglichkeiten und Sie können nicht wissen, was auf Sie wartet. Sie haben keinen Einfluss, welche Ereignisse geschehen, aber Sie haben Einfluss darauf, wie Sie reagieren und wie Sie diese Welt erleben. Reiche Menschen sind meist nicht glücklicher als der Durchschnitt. Auch Intelligenz oder körperliche Schönheit machen nicht glücklicher. Schwere Verletzungen (z.B. eine Querschnittslähmung) machen die Betroffenen nicht für den Rest des Lebens unglücklich - nach etwa einem Jahr ist das frühere bzw. durchschnittliche Glücksniveau erreicht. Dies belegen die Lebensbeispiele vieler Menschen, die nach schweren Schicksalsschlägen oder Krankheiten ihr Glück fanden.

Ich möchte Ihnen hierzu die Geschichte eines Mannes erzählen, der eines Tages in meine Coaching-Praxis kam. Er hatte einige berufliche und persönliche Tiefschläge erlebt. Sein Betrieb war nur knapp einer Insolvenz entgangen und seine Frau hatte ihn wegen eines anderen Mannes verlassen. Für ihn wurde das Leben immer unerträglicher. Hinzu kamen starke Magenbeschwerden, Kopfschmerzen und Schwindelgefühle. Jeden Tag fühlte er sich antriebsloser und leidender. Auch er sein berufliches Tief überwunden hatte, blieben diese lähmende Müdigkeit und die Magenbeschwerden zurück. Er ging zu verschiedenen Ärzten, doch diese sagten ihm, dass er organisch gesund sei.

Wir sprachen darüber, mit welcher Absicht sein Körper ihm diese Symptome schicke. Der Gedanke, dass hinter jedem Erleben eine positive Absicht stecken könnte, war neu für ihn. Nachdenklich verließ er nach unserem Gespräch den Raum.

Einige Wochen später saß er wieder in dem Sessel in meiner Praxis und erzählte mir, was er seit unserem letzten Treffen erlebt hatte.

Als er wieder einmal hoffnungslos in seinem Bett lag und die Schmerzen in seinem Magen ihn quälten, dachte er sich, ob hinter den Schmerzen vielleicht tatsächlich eine positive Absicht steckt und was das denn wohl sein könnte. Er stellte sich die Frage ohne Absicht. Zwar hatte er sich das schon direkt nach unserem Gespräch gefragt, aber fordernd und anklagend. So hatte er keine Antwort erhalten. Doch dieses Mal war es anders. Seine Magenschmerzen verwandelten sich in Wärme und er bekam ein Gefühl von Dankbarkeit. Und er spürte, dass diese Dankbarkeit aus seinem Magen zu kommen schien. Es war der Teil in ihm, der sich in diesem Moment ernst genommen fühlte. Bisher hatte er sich mit der Absicht gefragt, etwas zu ändern. Er wollte nicht wirklich verstehen, was sein Körper ihm sagen wollte. Er bezweckte nur, dass die Schmerzen aufhörten.

Zuerst war er verwundert und glücklich zugleich, dann erinnerte er sich an das, was er bei unserem letzten

Gespräch über die eigentlichen Absichten unserer inneren Teile mitgenommen hatte. Von diesem Tag begann er jedes mal, wenn er sich schlecht fühlte, in sich hinein zu fragen, wofür das gerade gut war. Wenn er wieder zu müde war, fragte er sich, wofür ist es jetzt in diesem Moment gut, müde zu sein und wenn er Magenschmerzen hatte, fragte er, wofür ist es gut, jetzt Magenschmerzen zu haben. Was will mir mein Körper sagen, was will er für mich sicherstellen. Auf diese Art und Weise ging es ihm von Tag zu Tag besser. Er wurde so zu seinem besten Freund, denn auch sein Unterbewusstsein gewann die Sicherheit, dass er nun auf die richtige Art für sich sorgen würde.

Der amerikanische Erfolgstrainer und Coach *Antony Robbins* beschreibt in seinem Buch „*Das Power Prinzip*"[4] das Schicksal eines Mannes, der bei einem Motorradunfall fürchterliche Verbrennungen am ganzen Körper erlitt. Dieser Mann erkannte, während er im Krankenhaus lag, dass er die Wahl hatte, zu leiden und ein Opfer zu werden oder seinen Unfall als Chance zu erleben, um ein neues Leben zu beginnen. Immer, wenn sein Körper schmerzte, deutete er es als ein Zeichen, sich auf sein Ziel zu konzentrieren, aufrecht aus diesem Krankenhaus herauszukommen. Und er schaffte es. Er machte Karriere als Geschäftsmann und sein Leben verlief erfolgreich, bis

---

[4]   „Grenzenlose Energie. Das Powerprinzip" von Antony Robbins, Heyne-Verlag

er bei einem Flugzeugabsturz schwer verletzt wurde. Er wurde von der Taille ab gelähmt. Seine Einstellung zum Leben änderte sich jedoch nicht. Sie half ihm, trotz seiner Behinderung wieder ein vitaler, starker und erfolgreicher Mann zu werden, der sogar für den Kongress kandidierte.

Die Lebensgeschichte des erfolgreichen Psychotherapeuten und Begründers der modernen Hypnotherapie, *Milton Erickson* (1901 - 1980), zeigt, wie ein Mensch durch die Kraft seiner Gedanken die Weichen für ein erfolgreiches Leben stellen kann. In seinen Lehrgeschichten[5] beschreibt Erickson, wie er im Alter von 17 Jahren von einer schweren Kinderlähmung befallen wurde. Sein ganzer Körper war bis zu den Augen gelähmt. Nur seine Augen konnte er bewegen und sein Gehör war nicht beeinträchtigt. Eines Tages hörte er die Ärzte zu seiner Mutter sagen, dass er den nächsten Morgen wohl nicht mehr erleben werde. Das setzte ungeheure Kräfte in ihm frei. Er ließ sein Bett an das Fenster seines Zimmers fahren und konzentrierte sich auf den nächsten Morgen. Die ganze Nacht hielt er sich mit all seinen Kräften wach. Er überlebte den Morgen. In der darauf folgenden Zeit schaffte er es durch genaues Beobachten anderer Menschen und durch das Visualisieren seines Körpers wieder laufen zu können. Aber er lernte nicht nur, wieder vollständig

---

[5] „Die Lehrgeschichten des Milton H. Erickson, Siney Rosen, Iskopress

gehen zu können, sondern nutze seine Erfahrungen, um diese an seine Patienten weiterzugeben und sie zu heilen. So wurde er einer der erfolgreichsten Psychotherapeuten der Welt.

In diesem Buch möchte ich Ihnen zeigen, dass es mehr gibt, als das, was wir um uns herum erleben. Es gibt Kräfte in uns, die wir zu unserer Unterstützung nutzen können. Und es gibt eine Art von Resonanz zwischen Ihnen und einer universellen Energie, die Sie Ziele erreichen lässt, wenn Sie diese für möglich halten. Alles was Sie sich zugestehen und was gut für Sie ist, können Sie so auch erreichen.

Wie erlangt man Glückskompetenz

„Ein Mensch, der glaubt, ist so stark wie neunundneunzig andere, die nur Interesse haben.“ (John Stuart Mill)

„Alles im Universum ist Energie und unterliegt dem Gesetzt der Resonanz." So lautet ein Axiom der Quantenphysik. Axiome sind nach wissenschaftstheoretischer Definition plausible Grundannahmen. Auf der Basis von umfangreichen Versuchen beschreibt diese wissenschaftliche These, wie die Übertragung von Energie verantwortlich ist für alle Vorgänge und Abläufe im Universum. Jede Schwingung überträgt danach die in ihr wirkende Kraft auf jeden gleich schwingenden Körper. Jede Bewegung von Masse beruht auf diesem Prinzip. So nimmt jeder Mensch nur den Bereich der Wirklichkeit wahr, für den er resonanzfähig, d.h. offen ist. Gleichgestimmte Körper verstärken ihre Schwingungen und damit ihre Energie. Alles im Universum unterliegt diesem Gesetz. Auch wenn es zu den bedeutendsten Errungenschaften heutiger Wissenschaft gehört, so findet man dieses Prinzip der Resonanz schon seit Jahrtausenden in den Lehren aller Religionen.

„Was man sät, das erntet man" oder „wie man in den Wald hineinruft, so schallt es heraus", diese Sprichwörter kennt der Volksmund seit altersher. Dabei ist es dem Universum gleich, welche Energie Sie absenden oder für welche Sie empfänglich sind. Wie bei einem Radio wird nur der Sender empfangen, den Sie eingestellt haben. Es liegt bei Ihnen, für welchen Sender Sie sich entscheiden. Wie das allen bekannte physikalische Gesetz der Erdanziehung dafür sorgt, dass niemand von unserer guten Erde fallen muss, so wirkt auch dieses Gesetz der Resonanz hundertprozentig zuverlässig. Wenn z.B. ein Mensch aus dem Fenster eines Hochhauses fällt, so stürzt er nach unten, weil das Gesetz der Anziehung wirkt. Und das Gesetz macht dabei keinen Unterschied, ob dies ein guter oder schlechter, ein bedeutender oder unbedeutender Mensch ist.

Ebenso fragt das Gesetz der Resonanz nicht nach dem Inhalt von dem, was Sie sich wünschen. Es unterscheidet auch nicht, ob Ihr Wunsch groß oder klein, richtig oder falsch, gut oder schlecht ist. Es kommt auf die entsprechende Schwingung an, auf die Welle, die Sie für den Empfang gewählt haben. Das bedeutet, dass alles, für das Sie sich öffnen, zu Ihnen kommen wird.

Anders ausgedrückt kann man auch sagen, das Leben ist gerecht. Es schickt ihnen das, wofür Sie Ihren Empfang eingestellt haben. Wenn Sie erwarten, dass das Leben schwer ist, so wird es schwer sein. Wenn Sie glauben, dass Sie ungerecht behandelt werden, dann wird das Leben diesen Glauben bestätigen und Ihnen Ungerechtigkeiten schicken, und wenn Sie erwarten, dass die Menschen Sie schlecht behandeln, dann werden Sie die Menschen finden, die dies tun.

Andersherum werden Sie die Fülle des Lebens erfahren, wenn Sie glauben, das Leben ist gut zu Ihnen und das Glück steht für Sie bereit. Denn wenn Sie erwarten, dass das Glück zu Ihnen kommt, dann wird es kommen. Dem Gesetz der Resonanz ist es egal, was Sie sich wünschen, es achtet nur auf die Frequenz, in der Sie senden, um das zu schicken, was zu dieser Frequenz gehört.

Die Schöpfung hat Sie mit einem freien Willen ausgestattet, damit Sie das Leben in seiner ganzen Fülle leben und empfangen können. Es steht Ihnen frei, das zu erfahren, was gut für Sie ist. Doch Ihre Gedanken und Wünsche sind ein Teil Ihrer persönlichen Entwicklung. Alles was Sie glauben und was Sie für wahr und richtig halten, ist ein Produkt Ihrer Lebensgeschichte. Und da wurden Ihnen oftmals vermeintliche Wahrheiten vermittelt, die einer selbstbestimmten Entwicklung entgegenstanden. Nicht unbedingt aus schlechter Absicht heraus, sondern weil diejenigen, die Ihnen diese Dinge beigebracht haben, es meist nicht besser wussten und es selbst einmal so gelernt haben.

Manchmal merken Sie vielleicht, wie alte Gedanken, Ängste oder Überzeugungen eine glückliche Entwicklung verhindern. Dann richten Sie Ihre Empfangsgeräte so aus, dass Sie das erhalten, was Sie eigentlich gar nicht wollen. Denn Ihre alten Glaubenssätze bestimmen die Frequenz, die Sie in dem Moment für den Empfang einstellen. Zwischen der erfolgreichen Anwendung des Resonanzgesetzes und dem, was Sie tatsächlich bekommen, liegt oft die ganze Bandbreite der Erfahrungen und Glaubenssätze, die Sie in Ihrem Leben erworben haben. Einiges davon ist gut und nützlich, anderes schränkt Sie jedoch ein und macht Sie unglücklich.

Vieles von dem, was Sie heute für wahr halten, stammt gar nicht aus Ihren eigenen Erfahrungen. Gerade in der Zeit der ersten Lebensjahre, in der der Mensch noch nicht selbstständig existieren kann, bilden sich die stärksten Eindrücke über das Leben heraus. Nach der Zeugung ist ein Mensch zunächst leer an Wissen über das Leben. In der Zeit, die Sie im Mutterleib verbrachten, haben Sie die ersten Informationen darüber erhalten, wie Ihre Mutter das Leben empfunden hat. War es eine schöne Zeit für Ihre Mutter, konnten auch Sie beginnen zu glauben, das Leben ist schön. Hatte Ihre Mutter eine schlechte Zeit, dann entwickelten Sie schon als kleines Ungeborenes Gefühle, die signalisierten, dass das, was noch kommt, schlecht sein wird. Dann wurden Sie geboren und wussten nichts weiter vom Leben, als das, was Sie aus der Zeit im Bauch Ihrer Mutter erfahren hatten. Alles, was dann kam, hat Sie für Ihr Leben mit den Glaubensmustern und Programmen ausgestattet, die Sie später immer und immer wieder aktivieren. Denn diese Programme waren einmal wichtig für Ihr Leben und Überleben, egal, ob Sie sich gut oder schlecht damit gefühlt haben. Sie hatten nicht die Wahl. Und auch heute existieren viele dieser Programme in Ihnen und beeinflussen ihr Leben.

Genau das macht es oft so schwierig, herauszufinden, was wirklich gut für Ihr Leben ist. Neben dem, was Sie heute für richtig halten, existieren viele alte Glaubenssätze und Überzeugungen, die Sie in Zeiten entwickelt haben, in denen Sie auf Grund Ihrer damaligen Möglichkeiten keine andere Wahl hatten oder die von Menschen stammen, die es auch nicht besser wussten.

Glückskompetenz bedeutet, diese alten Überzeugungen zu erkennen, anzuerkennen und wenn nötig so zu verändern, dass Sie Ihnen in Ihrem aktuellen Leben nutzen. Alles, was Sie an Überzeugungen und Programmen erschaffen haben, ist ein Teil Ihrer selbst und daher mit Ihnen verbunden. Daher bedeutet die Anerkennung und die Achtung dieser Anteile gleichzeitig die Achtung und Anerkennung Ihrer selbst. So gewinnen Sie die Entscheidungsfreiheit, das Richtige zu tun oder zu lassen.

In den folgenden Kapiteln zeige ich Ihnen eine Reihe von hilfreichen Methoden und Übungen, die Sie in Ihrer Kompetenz, das Beste für sich und Ihr Lebensglück zu schaffen, unterstützen werden. Ich lade Sie ein, dieses

Angebot wie eine Speisekarte mit den feinsten Gerichten zu betrachten, um daraus Ihr eigenes Menü für Ihre Glückskompetenz zusammenzustellen. Dabei ist das Angebot so beschaffen, dass die Menüauswahl von Tag zu Tag je nach Appetit und Bedürfnis variieren kann.

Die dort beschriebenen Gedanken und die dargestellten Techniken und Übungen bieten Ihnen Gelegenheiten, für sich die geeigneten Lösungen für Ihre persönliche Glückskompetenz auszuwählen. Gleichgültig, ob es sich um Einschränkungen handelt, die Sie selbst erschaffen haben oder ob diese aus Ihrem Umfeld kommen, Sie werden für jede Gelegenheit ein entsprechendes Modell finden, welches Ihnen hilft, Ihr Leben glücklich zu gestalten.

Geben Sie jedem Tag die Chance, für Sie ein glücklicher Tag zu werden! Glück ist das Vitamin für Ihr seelisches Immunsystem. Geben Sie ihm die Nahrung, die es benötigt, um Sie zu schützen.

„Wie oben so unten,
wie außen so innen."
(Hermes Trismegistros,
5000-jährige Inschrift, Ägypten)

Glücksbehindernde und glücksfördernde Überzeugungen

Um das Glückskompetenztraining richtig nutzen zu können, bedarf es einer offenen inneren Haltung gegenüber dem Leben und den Möglichkeiten, die es Ihnen bietet. Egal, was Sie bisher über das Leben gedacht haben. Im Verlauf dieses Buches werden Sie herausfinden, welche Grundüberzeugungen Sie benötigen, um Ihre eigene Glückskompetenz zu entwickeln. Vielleicht besitzen Sie schon alles und müssen es nur noch verfeinern und ausbauen. Vielleicht benötigen Sie neue Impulse oder Erfahrungen, die Ihnen für Ihre Glückskompetenz fehlen. Lassen Sie sich ein auf die Vielfalt dessen, was für Sie möglich ist.

Beginnen wir damit, dass wir uns anschauen, was die neuseeländischen Glücksforscher Lichter, Hay & Kammann[6] über glücksbehindernde und glücksfördernde Überzeugungen herausgefunden haben.

---

6   Psychologie des Glück, Philipp Mayring, Kohlhammer Verlag

Danach besitzen Sie glücksbehindernde Überzeugungen, wenn Sie

- Ihre Gefühle von der Zustimmung oder Ablehnung anderer abhängig machen.
- Ihre Persönlichkeit für unveränderlich halten.
- sich schuldig für Dinge fühlen, die Sie gesagt oder getan haben.
- sich Sorgen machen über die Zukunft oder Ereignisse in der Zukunft.
- sich leicht über Leute oder Dinge ärgern.
- häufig andere Menschen kritisieren.
- Gerechtigkeit und Fairness erwarten.

Glücksfördernde Überzeugungen haben Sie, wenn Sie

- zu Ihren Emotionen und Gefühlen stehen.
- sich gut in Ihrer Haut fühlen.
- bereit sind für neue Erfahrungen.
- Misserfolge verkraften, ohne sich selber zu verurteilen.
- den Mut haben, unkonventionell zu sein.
- aufgrund Ihrer eigenen Gefühle und Überzeugungen frei handeln.
- sich über die Gegenwart freuen.
- emotional offen auch für andere Menschen sind.

Welche dieser beschriebenen Grundhaltungen spielt in Ihrem Leben eine Rolle? Gehören Sie eher zu den

Menschen, bei denen die glücksbehindernden Überzeugungen überwiegen oder praktizieren Sie das glücksfördernde Repertoire?

Können Sie sich der Vorstellung öffnen, dass das Glück überall für Sie zur Verfügung steht? Dass Sie wie ein Magnet das Glück anziehen können? Dann wird es zuverlässig zu Ihnen kommen.

Das Gesetz der Resonanz besagt, dass Sie im Außen das finden und erfahren, wofür Sie in sich selbst eine Resonanz besitzen. Ihre Umwelt ist ein Spiegel für Sie selbst. Und Sie selbst sind der Mittelpunkt Ihrer Vorstellungswelt. Das bedeutet, dass Sie selbst „Ihres Glückes Schmied" sind. In dem Moment, wo Sie beginnen, sich und Ihre Sichtweise zu verändern, wird sich auch Ihre Umwelt verändern. Das Gesetz der Resonanz gilt für alles, was Energie ist. Dazu gehört jede Form von Materie, jedes Gefühl, jedes Wort und jeder Gedanke. Es spiegelt sich in den Menschen wieder, denen Sie begegnen. Aber auch der Erfolg dessen, was Sie tun und was Sie erreichen, ist das Ergebnis Ihrer inneren Haltung.

Vielleicht fragen Sie sich jetzt: „Ich muss mir also nur vorstellen und wünschen, was ich haben will, und ich werde es bekommen? Warum machen wir es dann nicht alle? Kann es sein, dass wir so dumm sind, die falschen

Dinge zu wünschen oder dieses phantastische Prinzip zu ignorieren?"

Offensichtlich ist das so. Die Menschen tun dies jedoch nicht aus Dummheit oder Ignoranz, sondern weil Sie es von Ihren Vorbildern so gelernt haben. Und auch diese haben es wiederum von ihren Vorbildern gelernt, die es auch von Menschen gelernt haben. Wenn Sie sich daran machen, all das, was dieses Leben an Gutem für Sie bereithält, für möglich zu halten, dann haben Sie den ersten Schritt zu Ihrem bewussten Lebensglück getan.
Ich lade Sie nun ein, das, was als Hindernis zwischen Ihrem Wunsch und Ihrer tatsächlichen Glückskompetenz liegt, zu ergründen und liebevoll zu verändern.

Wir werden Antworten auf die folgenden Fragen finden:
Was hindert Sie, offen und frei für das Glück zu sein?
Wie gewinnen Sie die Fähigkeit, mit diesen Hindernissen kreativ und lösungsorientiert umzugehen?
Was verschafft Ihnen die Kompetenz, Ihr Glück selbst zu erschaffen?

Manche Menschen verbringen ihr Leben damit, die Gründe für ihre Einschränkungen und Probleme zu suchen, ohne nach einer Lösung Ausschau zu halten. Sie glauben, wenn Sie erst einmal wissen, woher die Probleme kommen, wo sie entstanden sind und wer verantwortlich ist, dann wird alles besser. Sie gehen zu Beratern und Therapeuten und lesen viele Bücher, in denen sie eine Antwort auf ihre Fragen erhoffen. Sicherlich kennen auch Sie solche Menschen oder gehören vielleicht selber zu ihnen. Sie sind immer auf der Suche nach dem, was die Ursache für ihr Unglück ist. Irgendwann sind diese Menschen so fixiert auf die Probleme und deren Ursachen, dass man den Eindruck hat, sie haben vergessen, was sie eigentlich suchen.

Es ist völlig egal, was wann irgendeinmal gewesen ist, wenn es nicht dazu beiträgt, im Hier und Jetzt das zu bekommen, was Sie sich wünschen. Wir lernen aus der Vergangenheit, - mehr nicht. Sie ist nicht real, existiert nur noch in den Gehirnzellen, die für Sie reserviert wurden. Ihr Leben spielt sich immer da ab, wo Sie gerade sind. Das ist das, was real ist. Und da ist auch der Sitz Ihrer Glückskompetenz. Ihr Lebensglück und die Verwirklichung Ihrer Träume liegen nicht in den Ursachen von Problemen. Sie finden sie in den Lösungen!

Der Physiker und Nobelpreisträger Albert Einstein hat einmal gesagt: „Man kann Probleme nicht auf der gleichen Ebene lösen, auf der Sie entstanden sind."

Das Glück kommt dann, wenn Sie offen dafür sind. Wenn Sie sich dem Glück zuwenden und es wie selbstverständlich mit Freude empfangen können, ist es auch schon da. Indem Sie Ihre selbstgelegten oder übernommenen Fallstricke bewusst lösen, werden Sie frei für Ihr Glück. Je mehr Sie verstrickt sind in Gewohnheiten, Überzeugungen oder übernommene Gedanken, die Ihnen das Gegenteil wahrmachen wollen, desto größer ist die Herausforderung an Ihre Glückskompetenz.

Das Gute ist, das jeder Widerstand Ihnen zeigt, dass Sie auf dem richtigen Weg sind. Das hört sich vielleicht ungewohnt und paradox an. Doch jeder Widerstand entspringt aus einem Teil von Ihnen, den Sie einmal gebildet haben. Und dieser Teil stellt etwas Wichtiges für Sie sicher. Er hat vor langer Zeit eine Aufgabe für Sie übernommen, die er mit seiner ganzen Kraft und Zuverlässigkeit erfüllt. Er will ernst genommen und beachtet werden, weiter nichts. Und indem er sich - auch als Widerstand oder einschränkendes Denken – zeigt, stellt er einen Kontakt zu Ihnen her, den Sie für eine Veränderung nutzen können.

Die folgende wahre Geschichte vermittelt ein schönes Bild über den achtsamen Umgang mit uns selbst und allen Teilen in uns.

Die Geschichte vom japanischen Soldaten

Während des Zweiten Weltkrieges gab es auf dem Höhepunkt der japanischen Erfolge Im Pazifik auf buchstäblich Tausenden von winzigen Inseln, die sich über eine riesige Fläche der Südsee erstreckten, japanische Garnisonen Als die Erfolgs-Welle der Japaner abebbte, wurden viele jener Inselgarnisonen gestürmt und besiegt, doch einige wurden schlicht übersehen. Auf anderen Inseln verbargen sich kleine Gruppen von Soldaten oder einzelne Überlebende in Höhlen, die in schwer zugänglichen Gebieten lagen. Wenige Jahre später ging der Krieg zu Ende. Doch da jene Überlebenden dies nicht wussten, setzten sie ihren Kampf fort, pflegten ihre mittlerweile rostenden Waffen und ihre abgenutzten Uniformen, so gut sie konnten, völlig isoliert, jedoch unentwegt darum bemüht, wieder Kontakt zu ihrer übergeordneten Einheit aufzunehmen.

In den Jahren unmittelbar nach dem Krieg wurden viele dieser Soldaten entdeckt, weil sie auf Fischer oder Touristenboote schossen oder weil Eingeborene sie fanden. Im Laufe der Jahre nahm die Zahl derartiger Vorfälle jedoch allmählich ab. Der letzte dieser Kämpfer wurde etwa dreißig Jahre nach Kriegsende entdeckt.

Man muss sich die Situation eines solchen Soldaten einmal vorstellen. Er war von seiner Regierung zum Kriegsdienst verpflichtet und auf eine Dschungelinsel geschickt worden, wo er sein Volk gegen eine Bedrohung von außen verteidigen und schützen sollte. Als loyaler und gehorsamer Bürger seines Landes hatte er in den Jahren des Krieges viele Entbehrungen und Kämpfe durchgestanden. Als die Ebbe und Flut der Kämpfe über ihn hinweggegangen war, war er allein oder mit wenigen Kameraden zurückgeblieben. Während all der vielen Jahre hatte er den Kampf weitergeführt, so gut er konnte, und dazu hatte er unglaubliche Schwierigkeiten durchstehen müssen. Trotz der Hitze, der Insekten und der starken Regenfälle im Dschungel hatte er durchgehalten und getreu die Befehle befolgt, die er vor so langer Zeit von seiner Regierung erhalten hatte.

Wie sollte man mit solch einem Soldaten umgehen, wenn man ihn fand? Es hätte leicht passieren können, dass er ausgelacht worden wäre, weil er einen Kampf fortgesetzt hatte, der seit mehr als 30 Jahren vorüber war.

Stattdessen verhielt man sich, wenn ein solcher Soldat gefunden wurde, beim ersten Kontakt sehr vorsichtig. Ein hochrangiger japanischer Offizier aus dem Zweiten Weltkrieg zog sich zu diesem Zweck seine alte Uniform wieder an, schnallte sich sein Samurai-Schwert um und fuhr mit einem alten Armee-Boot in das Gebiet, wo der Soldat gesichtet worden war. Der Offizier begab sich dann persönlich in den Dschungel und rief laut, bis er den Soldaten gefunden hatte. Wenn sie schließlich aufeinander trafen, dankte der Offizier dem Soldaten mit Tränen in den Augen für seine Loyalität und seinen Mut und dafür, dass *er so viele Jahre lang tapfer seinem Land gedient hatte. Dann fragte er den Soldaten, was er in der Zwischenzeit erlebt hatte, und hieß ihn schließlich willkommen. Erst nach einiger Zeit informierte er den Soldaten vorsichtig darüber, dass der Krieg mittlerweile vorüber sei und dass sein Land sich nun wieder im Friedenszustand befinde, was bedeute, dass er nun nicht mehr zu kämpfen brauche. Wenn der Soldat dann in seinen Heimatort in Japan kam, bereiteten ihm die Bewohner einen Empfang, wie er einem Helden gebührt. Es wurden Paraden abgehalten, man überreichte ihm Medaillen, und das Volk dankte ihm und feierte seinen erbitterten Kampf und seine Rückkehr zu seinem Volk.*[7]

---

[7] *Mit Herz und Verstand* , Connirae und Steve Andreas, Junfermannverlag

Immer, wenn Sie Ihre Einschränkungen ablehnen, lehnen Sie auch einen Teil von sich selbst ab. Machen Sie es wie der Mann, der seine Schmerzen als Zeichen für seine Entwicklung annahm. Und bringen Sie diese wie die Japaner aus der Geschichte in Ihre neue Welt. Erkennen Sie an, dass es diese Einschränkung gibt und nehmen Sie diese mit ins „Boot". Fragen Sie sich und die Einschränkung, was diese Ihnen geben will. Denn Glückskompetenz erhalten Sie nicht durch den Kampf gegen Sie selbst. Interne Rangeleien und Gemetzel sind da sehr hinderlich. Sie versperren den Kontakt zu ihrem Selbst und zu Ihrem Glück. Seien Sie offen und nutzen Sie alles, was Ihre Existenz Ihnen bietet.

Erkennen Sie in jedem inneren Widerstand zunächst eine Kontaktaufnahme Ihres Unbewussten, die eine Botschaft in sich trägt. Würdigen und nutzen Sie diese.

„Liebst du das Leben?
Dann vergeude keine Zeit,
denn sie ist der Stoff,
aus dem das Leben gemacht ist. "
(Benjamin Franklin)

Kapitel 3

Schaltzentralen
und
Entscheidungszentren

Unser Gehirn

Wie ist es möglich, dass wir uns in die Lage versetzen können, selbstständig und aktiv unser Glücksempfinden zu beeinflussen und so unsere eigene Glückskompetenz zu entwickeln? Eine von vielen Erklärungen hierfür liefert uns die Gehirnforschung. Vieles, was bisher im Dunklen war, konnten die modernen bildgebenden Untersuchungsmethoden der letzten Jahre ein Stück weit ans Licht bringen. Natürlich ist es erst ein ganz kleiner Ausschnitt, der da freigelegt wurde, doch schon diese Erkenntnisse helfen uns, bildhaft die Vorgänge hinter den Kulissen unseres Lernens zu beschreiben.

Denn Leben heißt Lernen. Das Gute wie das Schlechte, das Effektive wie das Behindernde. Alles haben Sie einmal gelernt. Jede Erfahrung, die Sie machen, hinterlässt eine Spur in Ihrem Gehirn, d.h. sie verändert die Synapsen, die Informationsbahnen zwischen den Nervenzellen. Der Medizinnobelpreisträger und Neurobiologe *Eric Kandel* fand in den 80er Jahren heraus, dass durch Erfahrung die Effizienz des Kurzzeitgedächtnisses steigt, während sich die Zahl der Synapsen im Langzeitgedächtnis vermehrt. So lernt der Mensch, vom Zustand der unbewussten Inkompetenz, in der er noch nicht weiß, wie und warum die Dinge funktionieren, über die bewusste Inkompetenz, die für ihn den Ansporn bringt zu lernen, bis zur Umsetzung seiner Erfahrungen selbst, der bewussten Kompetenz. Von da ist es nur ein kleiner Schritt, durch Wiederholung hin zur unbewussten Kompetenz zu gelangen, mit der er handelt, ohne darüber nachdenken zu müssen. Dabei spielen die Emotionen eine große Rolle, die Ihnen zeigen, welche Informationen bedeutsam sind und welche nicht. Der Mensch erschafft sich seine Welt, indem er aus dem, was er wahrnimmt, das herausfiltert, was er für sein Leben braucht. Und das ist nicht die objektiv reale Welt - wenn es diese denn überhaupt gibt. Denn da alle Menschen auf unterschiedliche Weise lernen und Erfahrungen in den Zellen Ihres Gehirns sammeln, wird man auf die Frage, was die Welt eigentlich ist, sehr unterschiedliche Meinungen erhalten. Dass das so ist, ist Nachteil und Chance zugleich. Denn dadurch haben Sie immer und zu jeder Zeit Gelegenheit, zu lernen und zu wachsen. Jeder Tag bietet Ihnen vielfältige Gelegenheiten, Ihr Leben neu zu schaffen.

Wie haben Sie Laufen gelernt? Erinnern Sie sich noch daran, wie es war, als Sie noch nicht gehen konnten? An die unzähligen Versuche, die Sie unternahmen, bis Sie endlich sicher auf Ihren beiden Beinen stehen konnten. Und wie oft denken Sie heute daran, welchen Fuß Sie zuerst belasten müssen, um loszugehen?
Oder denken Sie bewusst daran, wann Sie beim Autofahren welchen Gang einlegen müssen, während Sie durch die

Stadt fahren? Sie können fahren und sich dabei unterhalten, im Radio Nachrichten oder Musik hören oder beim Spazierengehen gleichzeitig die Welt um Sie herum betrachten und ein Butterbrot oder eine Portion Pommes Frites essen. All das haben Sie nicht vom Anfang Ihres Lebens an gekonnt. Sie haben es durch Filtern und Ausprobieren gelernt. Jedes Lernen wird von der ersten bis zur letzten Stufe von unserem Gehirn gesteuert und begleitet. Um Ihnen diesen Prozess zu verdeutlichen, lade ich Sie zu einem kleinen Ausflug in die Welt des Gehirns ein.

Eine Reise in die Welt des Gehirns

Der Erfolg beginnt im Kopf, sagen die Erfolgspsychologen. Die richtige Einstellung und das richtige Denken führen zu den besten Ergebnissen im Handeln. „Erfolg oder Versagen ist eher die Folge unserer geistigen Einstellung als unserer geistigen Fähigkeiten." (Walter Scott, Psychologe).

Ist es nicht eine schöne Vorstellung, dass Sie durch das Training Ihrer Gedanken die Vorgänge in Ihrem Gehirn beeinflussen können?

Damit Sie verstehen können, was in Ihnen vor sich geht, wenn Sie beginnen, eine Erfahrung in eine nutzbare Erinnerung zu verwandeln, möchte ich Ihnen zeigen, um welch komplexes System es sich bei Ihrem Gehirn handelt. Dieses System steuert alle Abläufe unserer Wahrnehmung, unserer Bewegungen und damit unserer gesamten Lebensvorgänge. Das Gehirn bildet ein Netzwerk aus etwa fünfhunderttausend Kilometern Nervenfasern, mehr als einhundert Milliarden Nervenzellen und Billionen von synaptischen Verbindungen.

Unser Gehirn wiegt weniger als 2000 Gramm und verbraucht 20 Prozent der Gesamtenergie eines Menschen. Mehr als 450 Milliliter Blut fließen im Ruhezustand in jeder Minute durch das Gehirn. Da diese Schaltzentrale naturgemäß für das Überleben fehlerlos funktionieren muss, genießt die Versorgung mit Blut und Sauerstoff die oberste Priorität. Eingebettet ist das Gehirn in eine Flüssigkeit, die von der Schädelwand schützend umgeben ist.

Es besitzt eine innere Struktur, die sich im Laufe der menschlichen Entwicklung durch äußere Erfahrungen verändert hat und immer weiter verändert. Dabei spielen die Gefühle und Gedanken eine große Rolle. So, wie wir positive oder negative Gedanken entwickeln und Gefühle empfinden, so verändert sich die Gehirnstruktur. Das bedeutet, dass Menschen, die oft negativen Gedanken nachhängen, diese Wahrnehmung der Welt in ihrem Gehirn einprägen. Ebenso verankern Menschen mit einer positiven Weltsicht diese Wahrnehmung entsprechend in ihrem Gehirn.

In der Antike, in den östlichen Kulturkreisen Indiens und Chinas und bei den christlichen Mystikern des Mittelalters haben Gelehrte und Weise intuitiv diese Fähigkeiten erkannt und genutzt. Spezielle Meditationstechniken und das Trainieren von positiven Geisteshaltungen ließen über eine Veränderung des inneren Erlebens neue Möglichkeiten für die Meister und Schüler erwachsen.

Für unsere Vorfahren, die als Sammler und Jäger ihr Überleben sicherstellten, galten andere Bedingungen als für den Menschen von heute. Damals entwickelte sich der älteste Teil des Gehirns, der Thalamus, eine Art Schaltstelle oder Nachrichtenzentrale für alle Sinnesinformationen wie Sehen, Hören, Riechen und Fühlen. Hier sind die Nervenfasern gewissermaßen verschaltet und reichen bis zum Großhirn. Seitdem hat die Menschheit sich in verschiedenen Stufen zu dem weiterentwickelt, was wir heute sind. Diese Entwicklung wurde begleitet durch die Umformung und Erweiterung der Gehirnfunktionen und der zuständigen Teile. Unser Gehirn wurde zu einem höchst spezialisierten Steuerungsorgan.

Aus heutiger Sicht besteht das Gehirn aus dem Hirnstamm, dem Zwischenhirn, dem Kleinhirn und dem Großhirn.

Der Hirnstamm verbindet das Rückenmark mit dem Gehirn. Hier laufen alle auf- und absteigenden Informationen des Körpers über die Nerven des Rückenmarks zusammen und bilden so das Zentrale Nervensystem. Durch den Hirnstamm werden auch die allgemeinen Lebensfunktionen wie Herzschlag, Blutdruck, Atmung und das Bewusstsein kontrolliert.

Im Zwischenhirn findet man den schon erwähnten Hypothalamus, das Labor für unsere Gefühle und Emotionen. Dort werden unsere Sinneseindrücke aufgenommen und an das Großhirn weitergeleitet. Das Großhirn ist mehr als dreimal so groß wie die anderen

Gehirnareale und beinhaltet den assoziativen Cortex. Dort denkt der Mensch, während im Kleinhirn maßgeblich unser Bewegungsvermögen und motorisches Lernen gesteuert wird.

Obwohl das Gehirn aus etwa 100 Milliarden Zellen besteht, ist für seine Funktionalität nicht die Anzahl der Zellen, sondern die Verbindung zwischen diesen Zellen entscheidend. Von der Geburt an nimmt die Zahl der Zellen kaum zu, jedoch beginnt das Wachstum der Verschaltungen der Neuronen miteinander. So beruht der Größenunterschied des Gehirns eines Säuglings und eines Erwachsenen in der großen Zahl der synaptischen Verbindungen. Diese Verbindungen befinden sich zwischen jeder dieser Nervenzellen zu mehreren tausend anderen Nervenzellen. Über ein Geflecht von 10 bis 100 Billionen Ausläufern empfängt das Gehirn Informationen, die es auswertet und anschließend weiterleitet. Dies erklärt, warum unser Gehirn komplexe Erscheinungen so ungeheuer schnell verarbeiten kann. Über diese Nervenfasern und Synapsen werden alle notwendigen Informationen zu den richtigen Stellen geschickt, wo sie dann verarbeitet werden können. In den Neuronen, die durch die Synapsen in Kontakt stehen, werden die sogenannten Neurotransmitter wie z.B. die Dopamine (auch bekannt als „Lustmoleküle"), als chemische Signale ausgegeben, die wiederum neue Nervenimpulse auslösen.

Die Gehirnforschung hat verschiedene Verfahren entwickelt, die diese Verwandlungen im Kopf sichtbar werden lassen. Mit Magnetresonanz-Enzephalographie (MEG), KernspinTomographie (MRT) oder Positronen-Emissions-Tomographie (PET) lassen sich Einblicke in das Gehirn gewinnen, über die Single-Photon-Emissions-Computer-Tomographie die biochemischen Transportwege verfolgen. Man kann sehen, wie durch Lernen neue Verbindungen entstehen. Durch Wiederholung werden die Neuronen so stark angeregt, dass die Verbindungen konstanter und dauerhafter werden. Weitere Wieder-holungen halten diese Verbindungen mit den dazugehörigen Gefühlen am Leben. Das gilt für positive und negative Gefühle, reale Erlebnisse oder Vorstellungen.

Während des Lernens steigen durch Wiederholen und Ausprobieren die Komplexität und der Reichtum an inneren Verschaltungen. Jedesmal erhalten die Neuronen neue Formen, egal, was wir lernen, ob wir es lernen wollen oder nicht. Hier ist vor allem ein Gehirnteil beteiligt, der Cortex.

Bevor die Informationen in den Cortex gelangen können, werden sie einer genauen Prüfung unterzogen. Hierfür steht ein entwicklungsgeschichtlich älterer Teil bereit, das sogenannte Limbische System. Bevor Informationen von unserer Außenwelt an unseren Cortex, unser Lernzentrum, weitergegeben werden, prüft das limbische System, ob Sie weitergeleitet werden können oder nicht. Das sogenannte Mandelkernchen, die „Amygdala", entscheidet, was herein darf und was nicht. Dort befindet sich das „Angst- und Furchtzentrum" des Gehirns. Und auch bei Lernvorgängen spielt die Amygdala eine große Rolle. Über Gefühle und Emotionen beeinflusst sie unser Denken und Verhalten durch den Ausstoß chemischer Substanzen wie Noradrenalin, Serotonin und Acetylcholin. Denn die Zellen des Gehirns arbeiten nicht, wenn Sie nicht über Moleküle aktiviert und informiert worden sind, in welche Richtung die Reise gehen soll. Dopamin-Moleküle, Serotonin-Moleküle oder Noradrenalin-Moleküle lösen Reaktionen aus, die uns motivieren, uns handeln lassen, uns hemmen oder Stress erzeugen. Sie übermitteln die Informationen, die unsere Gehirnzellen benötigen, um unser Denken in Gang zu setzen.

Der Verstand mit Sitz im Cortex hat dabei lediglich die Funktion des Beraters. Die Entscheidungen über unsere Glückskompetenz trifft allein das Limbische System. Dabei bewertet das Limbische System, was „emotional akzeptabel" ist. Unsere Emotionen, die wir dabei mit Hilfe des Verstandes erleben, verstärken dabei unsere Eindrücke über chemische Prozesse im Langzeitgedächtnis.

Vom ersten Atemzug an muss das Gehirn die Informationen, die es über unsere fünf Sinne bekommt, aufnehmen, verarbeiten und bewerten. Aus diesen Vorgängen trifft es dann die Entscheidungen, die unser Handeln und unser Leben mitbestimmen. Informationen, die einmal verarbeitet worden sind, werden als Erfahrungen in den Zellen bestimmter Gehirnregionen abgelegt und bei Bedarf reaktiviert und genutzt.

Dabei muss das Gehirn eine ungeheure Menge an Informationen filtern. Schließlich strömen auf unsere fünf Sinne bis zu 400 Milliarden Bits pro Sekunde ein, von denen lediglich noch 2000 Bits in unser Bewusstsein gelangen. Um zu dieser Auswahl zu gelangen, greift das Gehirn auf alles Bekannte und Ähnliche zurück, während alles andere verworfen wird. Dabei nehmen wir nicht die realen Dinge wahr, sondern ein Bild, welches das Gehirn zu den eingehenden Sinneswahrnehmungen produziert. Wie diese dann in unserem Bewusstsein erscheinen, hängt von unseren Erfahrungen, die wir bis dahin im Leben gemacht haben und die in den entsprechenden Gehirnzellen abgespeichert sind, ab. Diese Erkenntnis wird uns zu einem späteren Zeitpunkt in diesem Buch als Basis für eine äußerst effektive Veränderungstechnik dienen.

So arbeitet unser Gehirn von Geburt an in dieser Weise. Es speichert die Erfahrung der heißen Herdplatte, die in uns

Schmerz erzeugt, wenn wir sie berühren, ebenso, wie den ersten erfolgreichen Gehversuch als eigenes Programm. Es entscheidet sich im Gehirn auch, ob wir glücklich sind oder traurig, optimistisch oder pessimistisch, erfolgreich oder erfolglos, kurz, ob wir unser Leben genießen, ob wir offen sind für Neues und für unser Glück oder nicht. Je nachdem, wie die Nervenzellen (Neuronen) die Informationen speichern, bearbeiten und verknüpfen, so fühlen und verhalten wir uns. Jedes der rund 100 Milliarden Neuronen besitzt zwischen 1000 und 10000 Synapsen, mit denen es sich mit anderen Neuronen verbinden und Informationen transportiert. Man nennt dies neuronale Netzwerke oder Neuronennetze. Diese Neuronennetze wiederum sind verschaltet mit anderen Neuronennetzen. Daraus entstehen dann unsere Ideen, Erinnerungen und Fertigkeiten. Je mehr Neuronennetze verschaltet werden, desto stärker sind die damit verbundenen Emotionen und Handlungs-anweisungen in uns. Das gilt gleichermaßen für die guten wie für die einschränkenden Erlebnisse, die dort gespeichert werden. Die Erfahrungen und die Deutung seiner Taten werden bei jedem Menschen durch seine ganz individuellen Neuronennetze repräsentiert.

Als neugeborenes Wesen verfügt der Mensch noch über sehr wenig Wissen darüber, wie die Welt funktioniert. Somit ist die Anzahl der abgespeicherten Eindrücke und

Programme gering. Mit jedem Tag jedoch kommen neue Inhalte hinzu, die ihren Platz im Gehirn finden.

Dass der Griff auf die heiße Herdplatte zum Beispiel mit Schmerz verbunden ist und dass ein Hund beißen kann, was wiederum schmerzt, wird als hilfreiche Erfahrung in unseren Gehirnzellen abgespeichert. Auch Erfahrungen wie die, dass Lachen Spaß macht und Lob gut tut, finden Ihre Plätze in den Zellen des Gehirns. Das wird dann verbunden mit den dazugehörigen Gefühlen, Bildern oder Geräuschen. In der Zukunft wird alles, was das Gehirn diesen äußeren Reizen zuordnet, die jeweiligen Zellen und Synapsen aktivieren. Je komplexer und stärker dabei die Erfahrung ist, desto intensiver wird diese abgespeichert.

Dann beginnen Sie, die ersten Schritte zurückzulegen. Erst wackelig, dann immer sicherer lernen Sie, von einem Teil des Raumes zu einem anderen auf Ihren eigenen Beinen zu gehen. Jeder erfolgreiche Versuch erzeugt ein angenehmes Gefühl.

Vielleicht werden Sie später jedes Mal, wenn Sie erfolgreich etwas geschafft haben, dieses Gefühl wieder erleben. Das Gehirn verbindet das aktuelle Erleben mit dem einmal bekannten Gefühl.

Ein andermal misslingt der Versuch, auf eine Mauer zu klettern. Vielleicht versuchen Sie es noch einmal, rutschen wieder ab und fallen. Das Ergebnis ist ein schmerzhaft blutendes Knie. Was auch von den Empfindungen für das Kind hierbei die Schlimmste ist, der Schmerz oder der Misserfolg, im Gehirn wird es als ein misslungener Versuch, mit dem ein sehr schlechtes Gefühl verbunden wird, gespeichert. Wenn das Erlebnis stark genug war oder sich solche Erlebnisse wiederholen, kann es sein, dass jeder Versuch, der Ihnen misslingt, von den zuständigen Neuronen im Gehirn mit diesem schlechten Gefühl belegt wird. Das verringert Ihre Motivation und irgendwann bilden Sie dazu die Überzeugung, ein Versager zu sein. All das ist fein als eine Ihrer Überzeugungen vermerkt und gespeichert in Ihren Neuronennetzen.

So entstehen durch das Erobern der persönlichen Welt viele Eindrücke, die in Ihrem Gehirn ihre Speicherplätze finden. In unserer Kindheit gibt es viele neue Erfahrungen. Die Offenheit für die Welt, die Menschen, Tiere und Erlebnisse ist groß. Da Sie jedoch nicht nur gute Erfahrungen machen, wird jedes Mal, wenn Sie dabei negative Gefühle erleben, dies vom Gehirn registriert und die Offenheit wird ein Stück reduziert. Natürlich versuchen Sie, diese negativen Gefühle zu vermeiden. Dadurch werden die Versuche, Neues zu erleben und auszuprobieren, immer weiter eingeschränkt. Irgendwann haben Sie dann Ihre Sicht der Welt entwickelt, ob sie gut ist oder nicht, ob zufriedenstellend oder frustrierend. Sie meinen, nun die Welt zu kennen. Das hat den Vorteil, dass

Sie dadurch eine gewisse Sicherheit besitzen, die Sie im Leben brauchen. Ihr Gehirn unterstützt diese Einstellung durch die Programme, die dort für die „Sicherheitsbewahrung" entwickelt worden sind. Das nennen wir dann Lebenserfahrung.

Obwohl diese Programme dafür geschaffen wurden, Sie vor Gefahren zu schützen, werden sie in ihrer Wirksamkeit nicht aktualisiert. Das führt dazu, dass alte Programme, die in ihrer Entstehungszeit nützlich waren, später Ihrer Weiterentwicklung entgegenstehen können. Der Verstand gibt Erklärungen dazu, so dass Sie glauben, das müsste alles so sein. Manchmal können Sie nicht verstehen, warum das so ist, aber Sie akzeptieren es als Bestandteil Ihres Lebens. So erklärt sich, dass Sie heute manchmal nur schwer einen Zugang zu Ihrem eigentlichen Lebensglück finden.

Glücklicherweise ist jeder Mensch in der Lage, zu lernen und sich zu verändern. Immer sind wir Schöpfer unseres Lebens, im Guten wie im Schlechten. Das gilt für die Programme, die Sie einschränken genauso wie für die, die Sie unterstützen. Sie haben die Wahl, die alten zu pflegen und zu bewahren. Sie können aber auch neue Programme erlernen oder die alten so verändern, dass sie zu Ihrem Glück beitragen.

Die Programme, die Sie aufgrund Ihrer Erfahrungen entwickelt haben, sind gehirnphysiologisch nichts anderes als die Umformung von Datenbahnen durch Lernprozesse. Und so, wie sich diese in der einen Weise entwickelten, lassen sie sich auch verändern. Erfahrungen können Sie sich wie Straßen in Ihrem Gehirn vorstellen. Diese Straßen oder neuronale Vernetzungen werden angelegt, um auf Ihnen Informationen, die zu dieser Erfahrung gehören, zu transportieren. Je öfter sie befahren werden, desto breiter und komfortabler werden diese Wege. Immer wieder erfahrenes Leid gräbt sich in unserem Gehirn ebenso ein wie oft erlebtes Glück. Es ist zunächst wie ein Trampelpfad in einer Wiese, der als schmaler Streifen sichtbar ist. Durch häufiges Benutzen wird er dann immer tiefer und breiter zu einem Weg ausgetreten. Irgendwann, wenn auf ihm immer wiederkehrende Informationen transportiert werden, ist er zu einer vielspurigen Autobahn geworden. Aus der Gehirnforschung weiß man, dass man diese Fährten umformen kann. Man kann sie durch Umlernen neu verlegen, damit sie ressourcevolle Informationen zu neuen glückserzeugenden Zielen führen können.

Für unser Glückskompetenz-Training ist eines von besonderer Bedeutung. Das Gehirn selber macht bei diesen Speichervorgängen keine Unterschiede, egal, ob sie real sind oder nicht, ob es sich um innere oder äußere Ereignisse handelt. Dieses Phänomen kennen Sie vielleicht, wenn Ereignisse in Ihnen Empfindungen zu längst vergangenen Erlebnissen hervorrufen, als seien sie in diesem Moment Realität. Ein altes Lied, ein Duft oder das Betrachten von Fotos aus vergangenen Zeiten kann Sie spontan in einen Zustand versetzen, der in Ihnen Gefühle auslöst, die zu dieser Zeit gehören, ohne dass Sie dieses beabsichtigt hatten. Ihre Gefühle sind real, obwohl das wahre Ereignis schon lange Zeit zurückliegt. Ihr Gehirn hat von außen einen Impuls erhalten und dadurch Zellen aktiviert, in denen diese alten Erlebnisse abgespeichert sind.

Lernen erfolgt durch Erfahrungen **_und_** durch Vorstellungen!

Unser Unbewusstes

Die Bedeutung des Unbewussten für die Glückskompetenz

Wir wissen, dass das meiste, was in uns und unserem Gehirn abläuft, nicht unserem bewussten Einfluss unterliegt. Diese unbewussten Vorgänge haben einen gewaltigen Einfluss auf unser Leben und unser Verhalten. Das Unbewusste kontrolliert meistens das Bewusstsein. Der umgekehrte Fall ist eher selten. Und doch bedingen sich beide gegenseitig, Bewusstes und Unbewusstes. Daher hat das Verhältnis von bewussten und unbewussten Vorgängen eine große Bedeutung für Ihre Glückskompetenz. Denn nicht immer ist dieses Verhältnis so harmonisch, wie es sein sollte. Manche Menschen können sich kaum erinnern, dass sie diese Harmonie einmal kennengelernt haben, andere erleben diesen Zustand häufig. Jeder Mensch hat hierzu verschiedene Strategien erlernt. Und so, wie Sie gelernt haben, dieses Gleichgewicht negativ zu beeinflussen, können Sie glücklicherweise lernen, es positiv zu korrigieren.

Während unser Bewusstsein nur in 10 – 20 Prozent aller Fälle für unser Handeln verantwortlich ist, steuert unser Unbewusstes zu 80 – 90 Prozent unser Tun. Das Unbewusste ist in unserer persönlichen Entwicklung lange vor dem Bewusstsein entstanden. Denn während wir zunächst im Mutterleib und später als Neugeborene unsere ersten Sinneseindrücke erhalten, ist unser assoziativer Cortex, der Teil des Gehirns, der uns bewusst die Außenwelt erleben lässt und unser Denken steuert, noch nicht ausgereift. Daher können wir in dieser Phase unsere Erlebnisse noch nicht abspeichern und verarbeiten. Es dauert einige Jahre, bis wir dazu in der Lage sind, uns an unsere Erlebnisse erinnern zu können. Dennoch werden alle Eindrücke, die wir vom Beginn unseres biologischen Lebens an aufnehmen, im Gehirn dokumentiert. Es geschieht nur noch nicht bewusst, denn dazu brauchen wir den Cortex. Und so geht unser Leben dann weiter. Das meiste, was in unserem Gehirn stattfindet, läuft unbewusst ab. Hierbei kommt dem Limbischen System, dem Wächter aller Informationen, die in unserem Gehirn Einlass begehren, eine besondere Rolle zu. Denn nur was von dort zum assoziativen Cortex durchgelassen wird, nehmen wir bewusst wahr. Und das ist nicht allzu viel. Alles andere wird in den großen Speicher des Unbewussten weitergeleitet.

Denken Sie einmal daran, was Sie an einem Tag erledigen. Was davon tun Sie bewusst? Sie gehen über Straßen, öffnen Türen, fahren Auto. Sie überlegen dabei nicht, welches Bein Sie zuerst vor das andere setzen sollen, wie weit Sie das Lenkrad in der Kurve einschlagen müssen oder welche Hand die Türklinke herunter drückt. Sie können Gespräche führen, während Sie mit einhundertfünfzig Km/h über die Autobahn rasen, oder Sie überqueren eine befahrene Straße, ohne dabei zu verunglücken. Warum ist das so? Weil Ihr Unterbewusstsein immer aktiv ist. Es lässt Sie das tun, was Sie bereits gelernt haben und beherrschen, ohne dass Sie es noch einmal bewusst erleben müssen.

Das Unbewusste lässt sich beschreiben als die Verwaltungseinheit einer gigantischen Datenbank, in der alle Daten unseres Lebens abgespeichert sind und bei Bedarf dem Bewusstsein zur Verfügung gestellt werden. In dieser Datenbank gibt es jedoch unterschiedliche Sicherheitsbereiche. Nicht alles, was gespeichert wurde, ist auch ohne weiteres abrufbar. Jeder dieser Sicherheitsbereiche hat eine eigene Kodierung und Bedeutung. So werden Daten in unterschiedlicher Klarheit an unser bewusstes Erleben freigegeben. Das Unterbewusste hat hierzu im Laufe des Lebens Filter entwickelt, durch die die ein- und ausgehenden Informationen laufen müssen. Hierdurch stellt das Unterbewusstsein sicher, dass unser Leben nicht durch zu viele oder allzu belastende Informationen behindert wird. Alles Bestreben des Unbewussten dient dem Zweck, unser Leben sicherzustellen.

Anders als das Bewusstsein unterscheidet das Unterbewusstsein nicht zwischen realen Erfahrungen und Phantasien, vor allem wenn diese besonders wirklichkeitsnah waren. Denn alle Erfahrungen und Phantasien werden in den bereits beschriebenen Zellen des Gehirns abgelegt, ohne dass deren Realität überprüft wird.

Als Kind haben Sie viele Dinge anders erlebt als die Erwachsenen. Allein die Körpergröße und das Maß an Erfahrung führen dazu, dass manche Erlebnisse besonders intensiv wahrgenommen werden und andere weniger. Der Wahrheitsgehalt von dem, was Sie gehört und erlebt haben, konnte von Ihnen nur mit den Mitteln und den Informationen überprüft werden, die Ihnen zur Verfügung standen. Und das war nicht eben viel. Sie waren angewiesen, auf das, was andere Ihnen sagten. Ein Kind hat naturgemäß weniger Filter zur Verfügung als ein Erwachsener. Die Relationen und damit auch die Interpretationen Ihrer Erlebnisse waren in jedem Lebensalter anders. Diese werden im Gehirn als zeitspezifische Informationen mit den Bedeutungen abgelegt, die Sie diesen zu dieser Zeit gegeben haben.

Das Unterbewusstsein prüft nicht den Wahrheitsgehalt der Informationen, sondern wie bedeutsam der Einfluss auf das persönliche Erleben war. Wenn ein kleiner, bellender, zähnefletschender Hund von einem kleinen Kind als groß und existenziell bedrohlich wahrgenommen wird, speichert das Unbewusste diesen Vorgang als gefährlich ab. Um die Situation später wieder identifizieren zu können, werden das Bild des Hundes, die dazugehörigen Farben, Geräusche und vielleicht auch Gerüche im Gehirn als Informationen zugeordnet. Ein erwachsener Mensch würde erkennen, dass hier keine große Bedrohung durch diesen kleinen Hund besteht. Doch da dieser Vorgang bereits in früher Kindheit zusammen mit Bellen und Zähnefletschen als lebensbedrohlich im Gehirn abgespeichert wurde, löst der Anblick oder das Bellen eines jeden Hundes bei diesem Menschen, wenn er erwachsen geworden ist, das gleiche unangenehme oder beängstigende Gefühl aus, wie er es als Kind erlebt hat.

Man muss aber nicht nur auf bedrohliche und angstvolle Situationen zurückschauen, die lebenslänglich einschränkende Gefühle erzeugen können. Viele kleine, sich immer wiederholende oder im Einzelfall bedeutsame Erlebnisse reichen aus, um die Neuronen so zu vernetzen, dass bei jedem äußeren Anlass, der uns bewusst oder unbewusst an diese Ereignisse erinnert, die dazugehörigen Emotionen und Glaubenssätze aktiviert werden.

Jeder Mensch hat die Möglichkeit, die Wirksamkeit von unangenehmen Erlebnissen durch neue Erfahrungen zu korrigieren. Doch wenn das nicht geschieht, wird im späteren Leben, wie in unserem Beispiel, ein laut bellender Hund genau dieses lebensbedrohliche Gefühl auch bei einem Erwachsenen hervorrufen, welches er als Kind erlebt hat. Da hilft es auch nicht, dass der Erwachsene sich sagt, das ist doch nur ein kleiner Hund und der ist ungefährlich. Das Unterbewusstsein hat das Bellen mit den im Gehirn abgelegten Erfahrungen abgeglichen und dort den entsprechenden Hebel in Richtung „Achtung Gefahr" umgelegt.

Dieses Beispiel verdeutlicht noch eine weitere wichtige Tatsache. Denn wie in diesem Fall geht es ursprünglich meist um eine Gefahr. Um in der Ursprungssituation das Kind zu schützen, werden bei ähnlichen Erlebnissen immer wieder Angstgefühle ausgelöst, die besagen: „Bring dich in Sicherheit!" Es geschieht jedesmal mit der guten Absicht, die Sie vor etwas bewahren will. Denn was diesem Kind passierte, war die Angst vor Verletzung. Damit es das nicht mehr erleben muss, wurden dieser Vorgang und damit auch der Auslöser, nämlich der kleine, bellende Hund, in der inneren Datenbank der Kategorie „gefährlich" oder „Gefahrstufe rot" zugeordnet. Der Grund hierfür liegt darin, dass dieser Mensch für alle Zeiten vor ähnlichen schlechten Erfahrungen geschützt werden soll. Um das zu gewährleisten, wurde dafür ein spezielles Programm zur Lebensbewahrung geschaffen. Auslöser für dieses Programm sind äußere Reize, die vorbei an dem Kortex direkt alle erforderlichen körperlichen Aktivitäten wie Zittern, Hitzegefühl oder Schweißbildung in Gang setzen. Dass das später oft unangemessen und unangenehm ist, interessiert unser Gehirn nicht. Wenn das Programm einmal aktiviert ist, dann läuft es bis zum Ende ab. Es sei denn, man kennt den Schalter, mit dem man ein neues Programm aufrufen kann.

Viele einschränkende Gedanken und Empfindungen sind auf diese Weise entstanden und immer gab es dafür einen Auslöser, auf den Sie in lebensbewahrender Weise reagiert haben. Oft wissen Sie gar nicht mehr, was es war. Jedes Mal, wenn ein Ereignis von außen oder ein äußerer Reiz signalisiert, dass etwas gut oder schlecht, gefährlich oder entspannt ist, aktiviert das Unbewusste ein Programm, welches auf der Summe der abgespeicherten Erfahrung beruht und Sie in dieser oder jener Weise handeln lässt. So erklärt es sich, dass es Dinge gibt, die Sie ohne die Zustimmung Ihres Unbewussten nie erlangen können.

Wenn Sie in dieser Weise Ihr Verhalten betrachten, werden Sie verstehen, dass Sie aus dieser ursprünglich guten Absicht heraus Ihre einschränkenden Programme zu Ihrer Unterstützung nutzen können. Für Ihre Glückskompetenz ist die folgende Aussage sehr wichtig.

Hinter jedem Verhalten steht eine ursprünglich positive, lebenssichernde Absicht!

Das Unbewusste führt all sein Handeln stets mit der Absicht durch, Schutz und Sicherheit im Leben zu gewährleisten. Dies anzuerkennen und zu würdigen bringt Sie Ihrer Glückskompetenz einen großen Schritt näher.

„Wer das Ziel nicht kennt,
für den ist kein Weg der richtige."
(Koran)

Kapitel 4

Ziele und Wünsche

Auf dem Weg zur Glückskompetenz

Ihre Glückskompetenz lebt davon, dass Sie wissen, was Glück für Sie bedeutet und was Sie davon haben, wenn Sie dieses Glück erlangen. Oft ist es schwierig, dies genau zu sagen. Das Glück allgemein und an sich ist etwas sehr Unklares, wie Sie vielleicht wissen. Es hängt von unterschiedlichsten Faktoren ab und wird sehr individuell erlebt. Wenn Sie die Übung zur Beschreibung Ihres Glücks zu Beginn des Buches gemacht haben, dann besitzen Sie erste Informationen über eine realistische Vorstellung Ihres Glücks.

Für den ersten Schritt zur Glückskompetenz ist es erforderlich, dass diejenigen Ziele, die für Ihr Glück bedeutsam sind, auch wirklich realisierbar sind. Dabei gilt, je klarer und deutlicher Sie ein Ziel beschreiben, umso leichter werden Sie es erreichen. Wenn Ihre Vorstellung von dem, was Sie erreichen wollen, mit all Ihren Sinnen fassbar ist, werden Sie nur schwerlich am Ziel vorbeigehen. Deshalb geben Sie sich und Ihrem Gehirn eine genaue Vorlage von Ihren Zielen. Je genauer die Vorlage ist, desto eindeutiger ist das Ergebnis. Und je genauer Sie die Frequenz einstellen, auf der Sie senden, desto stimmiger ist der Empfang.

Die meisten Menschen beschreiben das, was sie sich wünschen, so, als wollten sie es gar nicht haben. Sie sagen, was sie nicht wollen. Oder sie benennen es so ungenau, dass niemals klar wird, wann und wie es erreicht werden kann. Wünsche dieser Art sind dann: „Ich will aufhören zu rauchen." „Ich will abnehmen." „Ich will, dass es mir besser geht." „Ich will, dass mein Partner, meine Partnerin aufhört, mich zu kritisieren usw. ." „Ich will mehr Geld verdienen." „Ich will, dass mein Chef, meine Kollegen, mein Partner mich mehr ... usw."

Wenn Sie Ihre Ziele und Wünsche in dieser Form beschreiben, dann müssen Sie immer wieder dorthin schauen, wo Sie eigentlich gar nicht mehr sein wollen. Sie verfestigen dadurch das, was Sie nicht mehr haben wollen. Diese Art zu wünschen ist mühsam, energieraubend und wenig effektiv. Und Sie geben Ihrem Gehirn die falschen Signale. Sie wissen, dass Sie durch das Entwickeln von neuronalen Verbindungen zwischen den Zellen Datennetze schaffen, über die im Gehirn das abgespeichert wird, was Sie erfahren und lernen. Mit diesen Formulierungen bestätigen Sie das, was Sie nicht haben wollen und verstärken es sogar.

Ihre Wünsche und Vorhaben sollten Sie so beschreiben, als würden Sie eine Bestellung in einem Internet-Versandhaus aufgeben.

Wenn Sie sich z.B. eine Hose in einem Versandkaufhaus bestellen und schreiben in den Bestellschein „eine Hose", was werden Sie wohl bekommen? Ich glaube, Sie bekommen noch nicht einmal eine Rückfrage. Wenn Sie sich nun Mühe geben und auf den Bestellzettel schreiben „eine Hose, schwarz, aus Baumwolle", dann sind Sie schon genauer geworden, aber für die richtige Sendung reicht es noch lange nicht. Natürlich wissen Sie das und Sie würden niemals eine Hose bestellen, ohne die genauen Angaben, die zu dem Produkt gehören, einzutragen. Schließlich wollen Sie ja genau das bekommen, was Sie ausgesucht haben.

Bei Ihren Bestellungen für Ihr Leben bleiben Sie oft so ungenau, dass kein Versandhaus dieser Welt Ihnen diese Bestellung erfüllen kann. Wenn Sie an das Gesetz der Resonanz denken, wissen Sie, dass nur das, was Sie über die entsprechende Frequenz eingestellt haben, den Weg zu Ihnen finden kann. Wenn Sie sich vorstellen, was Sie nicht wollen, stellen Sie Ihren Sender auf die Frequenz von dem ein, was Sie nicht wollen. Also was wird Ihnen geschickt? Wenn Sie Glück haben, gar nichts. Wahrscheinlicher ist es jedoch, dass Sie noch mehr vom dem erhalten, was Sie nicht (mehr) haben wollen. Es ist so einfach und schwierig zugleich. Ich glaube, dass das Leben sehr gerecht ist. Es bringt Ihnen das, was Sie bestellen, das Gute wie das Schlechte.

Dieses Kapitel soll Ihnen helfen, Ihre Wünsche so zu formulieren, dass Sie bewusst die richtige Bestellung versenden und das bekommen, was Sie sich tatsächlich wünschen. So stellen Sie Ihren Sender ein auf den Empfang Ihrer Glücksziele.

Der Blick aufs Ziel

Die 4 Glückskompetenz-Regeln zur erfolgreichen Zielerreichung

Beschreiben Sie das, was Sie sich wünschen, immer so, dass Sie es auch bekommen!

Ich möchte Ihnen anhand einiger Beispiele und Regeln zeigen, wie Sie durch die entsprechende Beschreibung Ihres Vorhabens den Sender auf die richtige Empfangsstation einstellen. Hierzu möchte ich Ihre Aufmerksamkeit ein weiteres Mal auf die Fähigkeit Ihres Gehirns lenken, das Erreichen eines Zieles umso mehr zu unterstützen, wenn die Repräsentationen Ihres Zieles genau dem entsprechen, was Sie erreichen wollen.

Glückskompetenz-Regel Nummer 1:
Formulieren Sie Ihre Ziele immer positiv!

Was bedeutet positiv formulieren? Hat es etwas mit dem sogenannten *„positiven Denken"* zu tun? Alles positiv und rosarot sehen, immer das volle Glas vor Augen haben? Nein, positives Denken ist nicht gleich positiv formulieren. Bei der Methode des sogenannten *„positiven Denkens"* behalten Sie den Blick auf das Problem gerichtet und geben ihm lediglich einen neuen Rahmen. Diese Methode hilft oder Sie hilft nicht, je nachdem, ob Sie es glauben wollen oder nicht.

Ihnen fehlt zum Beispiel Selbstbewusstsein und Sie wiederholen täglich Ihren Wunsch „Ich bin selbstbewusst", so lange, bis Sie glauben, davon überzeugt zu sein.

Beim positiven Formulieren Ihres Zieles hingegen lösen Sie sich vom Problem und beschreiben das, was Sie statt dessen haben wollen.

Die Zielformulierung gibt die richtige Richtung an!

Wenn Sie sich etwas wünschen, formulieren Sie es so, wie es tatsächlich sein soll. Malen Sie sich aus, wie es sein wird, und beschreiben Sie es in allen Einzelheiten. Visualisieren Sie Ihr Ziel mit allen Details, fühlen Sie sich hinein, wie es ist, Ihr Ziel erreicht zu haben. (Sollten Sie Probleme mit dem Visualisieren haben, biete ich Ihnen am Ende des Kapitels eine Übung, um diese Fähigkeit zu trainieren.)

Formulieren Sie positiv, was Sie sich wünschen, und Sie verbreitern die „positiven Datenbahnen" zu Ihrem Ziel.

Stellen Sie sich vor, zwei Menschen an unterschiedlichen Orten haben sich entschieden, eine Reise zu machen. Es beginnt damit, dass Sie ihren Koffer packen. Wie entscheiden sie, was sie einpacken? Der eine schaut, was er im Urlaub brauchen kann, überlegt, wie das Wetter sein wird, und packt die entsprechenden Sachen ein. Der andere schaut sich seine Sachen an und überlegt, was er nicht mitnehmen will. Erst wenn er weiß, was er nicht mit- nimmt, entscheidet er, was in den Koffer soll. Was glauben Sie, wer hat den Koffer zuerst gepackt und wer fährt entspannter in den Urlaub? Während der Erste sich schon vorstellt, wie er auf der Terrasse sitzt und seinen Begrüßungsdrink zu sich nimmt, überlegt der Zweite noch, was von dem, was er nicht eingepackt hat, vielleicht doch noch in den Koffer sollte.

Dann geht es weiter. Der Erste nimmt seinen Koffer, steigt ins Auto und fährt zum Flughafen. Er freut sich auf den Urlaub. Der Zweite nimmt auch seinen Koffer und geht zum Auto. Auch er möchte sich auf den Urlaub freuen. Aber er denkt immer wieder daran, wie nötig er den Urlaub hat, weil er soviel Stress auf der Arbeit hatte. Mit seinen Gedanken bei dem, was er nicht mehr haben möchte, kommt so richtig keine Freude auf. Dazu passt, dass er sich umdreht, während er die Treppe hinuntergeht, um zu sehen, ob die Türe wirklich geschlossen ist. Beim Sturz die Treppe hinunter bricht er sich ein Bein. Während der Erste am Strand sitzt und den Sonnenuntergang genießt, liegt der Zweite im Krankenhaus und klagt über die Ungerechtigkeit im Leben.

Natürlich ist diese Geschichte erfunden und maßlos übertrieben, aber vielleicht erinnern Sie die beiden doch an den einen oder anderen Mitmenschen.

Wahrscheinlich wissen Sie, um wie vieles größer die Gefahr ist, zu stolpern und sich zu verletzen, wenn Sie beim Vorwärtsgehen nach hinten schauen. Schon als Kinder lernen wir, beim Laufen nach vorne zu schauen, damit wir nicht fallen. Bei unserem Denken lernen wir es nicht. So verbrauchen Sie viel Zeit und Kraft, um ans Ziel zu kommen. Und oft verlieren Sie den Blick auf das eigentliche Ziel.

Schauen Sie dorthin, wo Sie ankommen wollen. Aber dazu müssen Sie wissen, wohin Sie wollen. Nur wenn Sie Ihr Ziel kennen, können Sie auch dorthin gelangen. Daher entwerfen Sie ein genaues Bild in Ihrer Vorstellung, damit Sie wissen, wohin Sie gehen wollen.

Formulieren Sie in Zukunft das, was Sie erreichen wollen, so: „Mein Ziel ist es, zukünftig (wann genau?) das .... zu tun, das .... zu haben, usw.."

Beschreiben Sie exakt mit allen Einzelheiten, was Sie erreichen wollen, so als würden Sie es jemandem vorstellen, der noch nie davon gehört hat. Damit bedienen Sie Ihren inneren Empfänger und programmieren die Frequenz Ihres Glücks.

<u>**Glückskompetenz-Regel Nummer 2:**</u>

Stellen Sie sich Ihr Ziel mit allen Sinnen vor, so als wäre es schon Wirklichkeit.

Fragen Sie sich, was genau Sie wollen, und formulieren Sie es positiv. Stellen Sie sich als ganze Person mit Ihrem vollen Erleben vor, wie Sie dieses Ziel erreicht haben werden.

Beantworten Sie folgende Fragen:

Was werde ich sehen, wenn ich mein Ziel erreiche?

Was werde ich hören, wenn ich mein Ziel erreiche?

Was werde ich fühlen, wenn ich mein Ziel erreiche?

Werde ich auch etwas riechen oder schmecken, wenn ich mein Ziel erreiche?

Gehen Sie ganz hinein in ihre Vorstellung vom Ziel und tun Sie, als hätten Sie es erreicht.

Glückskompetenz-Regel Nummer 3:

Das Ziel muss von Ihnen selber erreichbar sein.

„Natürlich", werden Sie sagen. „Wer sollte denn sonst mein Ziel erreichen?" Aber denken Sie daran, wie oft Sie sich etwas wünschen, und es so formulieren, als müsste es ein anderer für Sie tun.

Ein Beispiel: Sie wünschen sich mehr Beachtung von Ihrem Chef und formulieren positiv nach Regel 1: „Ich wünsche mir, dass er oder sie mich beachtet." Sie stellen sich nach Regel zwei vor, wie sich fühlen werden, wenn er Sie beachtet. Und dann gehen Sie zur Arbeit und sind enttäuscht, dass alles so geblieben ist, wie zuvor. Sie haben sich etwas gewünscht, was ein anderer tun soll, und nicht, was Sie selbst tun können.

Wenn Sie reich werden wollen und vertrauen dabei auf einen zukünftigen großen Lottogewinn, dann können Sie nicht erwarten, dass Sie jemals in Ihrem Leben reich werden.

Wenn Sie sich eine Gehaltserhöhung wünschen, aber nichts sagen oder tun, um diesen Wunsch zu verdeutlichen, sondern nur darauf warten, dass man erkennt, welch ein hervorragender Mitarbeiter Sie sind, dem eine Gehaltserhöhung schon lange zusteht, dann kann das noch lange so weitergehen.

Wer sich darauf verlässt, dass andere seine Gedanken lesen, ohne dass er deutlich macht, was er will, darf sich nicht wundern, wenn nichts geschieht!

Fragen Sie sich, ob Sie Ihr Ziel aus eigener Kraft erreichen können. Wenn nein, beschreiben Sie es so, dass Sie es eigenständig erreichen können. Seien Sie immer Bestandteil Ihrer Zielvorstellung. Visualisieren Sie sich in der Situation, die Sie erreichen wollen. Formulieren Sie dann das Ziel, als hätten Sie es bereits erreicht, und bedanken Sie sich dafür, es erreicht zu haben.

Glückskompetenz-Regel Nummer 4:

Bestimmen Sie für Ihr Ziel einen klaren Zeitrahmen!

Formulierungen wie: „Irgendwann höre ich auf ...", „Bald werde ich ..." oder „Irgendwann komme ich ganz groß raus" sind kaum hilfreich.

Legen Sie fest, bis wann Sie Ihr Ziel erreicht haben wollen.

Stellen Sie sich vor, wie Sie zu diesem Zeitpunkt Ihr Ziel erreicht haben werden.

Die 4 Glückskompetenz-Regeln auf einen Blick

Formulieren Sie in Zukunft das, was Sie erreichen wollen, so:

„Mein Ziel ist es, zukünftig das.................zu tun, das............. zu haben, usw.. Ich werde dann folgendermaßen aussehen. Mein Gefühl wird .... sein, wenn ich am Ziel bin. Ich werde die Welt um mich herum auf folgende Art und Weise wahrnehmen. Das werde ich hören..., riechen..., schmecken......."

Wenn Sie sicher sind, dass Sie dieses Ziel aus eigener Kraft erreichen können, bestimmen Sie genau den Zeitpunkt, wann Sie es erreicht haben wollen.

Mein Tipp: Bevor Sie nun Ihre Wünsche in die Tat umsetzen werden, überprüfen Sie, ob sie nach den beschriebenen Regeln formuliert sind. Stellen Sie sich dann vor, wie alles zusammen aussieht, so als hätten Sie einen Katalog vor sich liegen, in dem genau das dargestellt ist, was Sie bestellen möchten. Achten Sie auf die Details und schauen Sie sich alles an. Wenn Sie das Gefühl haben, dass Sie diese Bestellung aufgeben möchten, haben Sie Ihren Sender in der richtigen Frequenz eingestellt. Jetzt müssen Sie nur noch empfangen, was Sie bestellt haben.

Was tun Sie jedoch, wenn Sie schon bei der Zielformulierung Einwände spüren?

Visualisierungsübung

Manchen Menschen fällt es schwer, zu visualisieren. Dazu möchte ich Ihnen eine Übung vorstellen, die Ihnen helfen wird, die Visualisierung Ihrer Person zu erzeugen.

Stellen Sie sich vor einen Spiegel und betrachten Sie Ihr Gesicht. Nehmen Sie alles genau wahr. Umfahren Sie erst die Konturen Ihres Gesichts mit den Augen. Welche Form hat es und welche Farbe? Nähern Sie sich dann der Mitte. Wie groß ist der Abstand der Augen zur Nasenspitze? Wie groß der Abstand der Nasenspitze zum Mund? Sind die Augenbrauen geschwungen oder eher gerade, dünn oder dick? Wo ist der Haaransatz? Welche Farbe haben die Haare, die Augen, der Mund? Welche Form hat Ihr Kinn?

Wenn Sie sich so betrachtet haben, schließen Sie die Augen und stellen Sie sich das Gesehene vor. Lassen Sie Ihr Gesicht vor Ihrem inneren Auge erscheinen. Was sehen Sie?

Öffnen Sie nun wieder die Augen. Schauen Sie in den Spiegel. Nehmen Sie wieder Ihr ganzes Gesicht in der oben beschriebenen Weise wahr. Schließen Sie wieder die Augen. Stellen Sie sich erneut Ihr Gesicht vor.

Öffnen Sie wieder die Augen. Schauen Sie nun ganz kurz in den Spiegel und schließen Sie sofort wieder die Augen. Stellen Sie sich Ihr Gesicht vor.

Wiederholen Sie diesen Vorgang mehrmals.

Suchen Sie sich dann einen Spiegel, in dem Sie sich in ganzer Größe sehen können. Beginnen Sie wie oben. Nehmen Sie alles in Ruhe war und schließen Sie dann die Augen. Betrachten Sie dann Ihren ganzen Körper und fahren Sie fort wie oben beschrieben. Wiederholen Sie den Vorgang mehrmals.

Genießen Sie bei dieser Übung, was Sie sehen. Betrachten Sie sich und Ihren Körper, der für Sie so vieles tut und getan hat. Er lebt, liebt und leidet mit Ihnen und für Sie. Er sagt Ihnen durch seine Empfindungen und Symptome, wenn etwas gut ist oder wenn es zu viel ist. Er belohnt Sie mit angenehmen Gefühlen, wenn Sie gut zu sich sind und warnt Sie durch Schmerzen oder Krankheiten, wenn Sie etwas verändern sollen. Er ist Teil Ihrer Glückskompetenz. Daher beenden Sie diese Übung, indem Sie sich bei diesem Körper für alles, was er für Sie getan hat und noch tun wird, bedanken. Anfangs ist es vielleicht ungewohnt, so mit Ihrem Körper umzugehen. Sie werden jedoch sehr schnell feststellen, dass dadurch eine ganz neue Form von Reichtum bei Ihnen einkehrt, die Sie für Ihre Glückskompetenz benötigen.

Weiter auf dem Weg zur Glückskompetenz

Wie leicht ist Ihnen diese Visualisierungsübung gefallen? Fällt es Ihnen allgemein schwer, Bilder zu konstruieren, oder wird es erst dann schwer, wenn bestimmte Personen oder Sie selbst in dem Bild zu sehen sind?

Wenn Sie Probleme haben, eine der Regeln umzusetzen, kann das ein Zeichen dafür sein, dass das von Ihnen angestrebte Ziel in irgendeiner Weise für Sie noch nicht stimmig ist. Ihre interne Kontrollinstanz erhebt einen Einwand. Bedanken Sie sich für dieses Feedback und schauen Sie, was noch verbessert werden kann. Was will Ihr Unbewusstes damit sagen?

Vielleicht ist das Ziel in allen Bereichen richtig beschrieben und Sie empfinden dennoch Widerstände in sich. Vielleicht können Sie gar nicht glauben, dass Sie das, was Sie sich da wünschen, auch bekommen können. Oder Sie meinen, dass das, was Sie sich wünschen, zwar sehr schön für Sie wäre, aber eigentlich nicht zu Ihnen passt. Dann könnte es daran liegen, dass alte Programme und Glaubenssätze aktiviert worden sind, die Ihnen zu verstehen geben, dass durch das neue Ziel ein Verstoß gegen Ihre alten Wertvorstellungen, die Sie bis dahin sicher durchs Leben begleitet haben, vorliegt. Damit Ihnen diese Sicherheit im Neuen erhalten bleibt, lade ich Sie ein, zu erleben, welche vielfältigen Möglichkeiten Ihnen zur Verfügung stehen.

Ob Sie nun glauben,
dass Sie eine Sache tun können
oder sie aber nicht tun können.
Sie haben in jedem Fall Recht. "
(Henry Ford)

Kapitel 5

Überzeugungen und Glaubenssätze

Der Tempel der Spiegel

Vor langer Zeit gab es in China den Tempel der Spiegel.
Mein Großvater erzählte mir davon, er hatte es von einem
Bekannten gehört, der lange in China war, und dort von
einem weisen Mönch diese Geschichte erfahren hatte.
Der Tempel also, er lag auf der Spitze eines Berges und
äußerlich recht unscheinbar. Eines Tages kam ein Hund
in diesen Tempel, in dem abertausende von Spiegeln so
aufgestellt waren, dass das eigene Spiegelbild sich
tausendfach im Tempel widerspiegelte.

Der Hund erschrak, bekam Angst und knurrte und
fletschte böse die Zähne. Und tausend Hunde schauten
ihm entgegen und knurrten, und fletschen böse die Zähne.
Der Hund ergriff die Flucht. Von nun an dachte er, dass
es auf der ganzen Welt nur lauter böse Hunde gäbe, die
mit ihm kämpfen und ihn beißen wollten.

Ein paar Tage später kam ein anderer Hund in diesen
Tempel. Als er die tausend anderen Hunde sah, da freute
er sich, wedelte mit dem Schweif und sprang herum, und
tausend andere Hunde freuten sich, wedelten mit dem
Schweif und spielten mit ihm.

Dieser Hund kehrte mit der festen Überzeugung zurück,
dass es auf der ganzen Welt nur lauter freundliche Hunde
gäbe, die mit ihm spielen wollen.

Der weise Mönch fragte: „ Was ist der Unterschied
zwischen diesen beiden Hunden? "

Was glauben Sie, wer Sie sind?

Unser Leben ist geprägt von unterschiedlichen Ereignissen. Wir machen unzählige Erfahrungen als Kinder, als Heranwachsende und als erwachsene Menschen. Die Informationen, die wir aus diesen Erfahrungen gewinnen, werden gespeichert und im Gehirn archiviert.

Ebenso machen wir es mit den Überzeugungen, die die Menschen hatten, welche in unserer Kindheit für uns bedeutsam waren. Als neugeborene Wesen wissen wir noch nichts von den Dingen der Welt, von den Regeln und Gesetzen, von dem was richtig und falsch ist, was schön oder hässlich ist. Unser Cortex, der Teil des Gehirns, der später einmal unseren Verstand repräsentieren wird, ist noch nicht ausgewachsen. Alles, was wir nun lernen und erfahren, ist daher zunächst einmal einzigartig, und daher glauben wir das, was wir sehen, hören oder fühlen. Diese Glaubenssätze sind tief verankert und werden meist später nicht mehr überprüft.

Landläufig bekannte einschränkende Überzeugungen sind zum Beispiel:

- Geld verdirbt den Charakter.
- Ohne Fleiß kein Preis.

- So einfach geht das nicht.
- Früher Vogel fängt die Katze.
- Sport ist Mord.
- Ich bin zu ..., um erfolgreich zu sein.
- Beruf und Spaß gehören nicht zusammen.
- Erst die Arbeit, dann das Vergnügen.
- Nur was schwer ist, ist auch wertvoll.
- Eher geht ein Kamel durch ein Nadelöhr, als ein Reicher ins Himmelreich.
- Wer hoch steigt, kann tief fallen.
- Reichtum/Erfolg macht einsam.

Wahrscheinlich können Sie die Liste mit weiteren Beispielen fortsetzen. Sätze wie diese drücken aus, dass das, was Sie sich vornehmen, so oder gar nicht möglich ist. Oder sie knüpfen bestimmte Bedingungen an die Durchführung.

Das Interessante an diesen Sätzen ist, dass sie immer wieder und beharrlich bewusst oder unbewusst auftauchen. Sie geben keine Ruhe, sind zuverlässig einschränkend zur Stelle, wenn man in den Bereich ihrer Zuständigkeit kommt und wirken kraftvoll, bis Sie ihnen nachgeben und so weiter machen, wie Sie es immer getan haben.

Ihr Unterbewusstsein handelt dann nach dem Motto: „Was ich habe, weiß ich. Da kenne ich mich aus und fühle mich sicher." Auch wenn Sie dann nicht so glücklich sind, wie Sie es sich wünschen.

So entstanden und entstehen in uns zu allen Lebenszeiten unterschiedliche Überzeugungen, von denen wir glauben, dass sie wahr sind. Natürlich sind sie das auch meistens - zumindest in dem Moment, in dem Sie von Ihnen gebildet wurden oder für die Menschen, zu denen Sie gehörten. Dabei geschah es häufig, dass Sie Glaubenssätze übernahmen, die von anderen Menschen wie Ihren Eltern, Großeltern oder Erziehern stammten. Das war so lange sinnvoll, wie Sie noch nicht in der Lage waren, selbstständig zu leben und sich keine eigenen Urteile bilden konnten. Als kleines Kind waren Sie auf die Erfahrung und Vorgaben der Erwachsenen angewiesen, um zu überleben. Aber dann vergingen die Jahre. Weiterhin glaubten Sie, es ist wahr, was Sie einmal gelernt und übernommen hatten. Wenn es Ihnen hilft, unbeschadet durch dieses Leben zu gelangen, ist das auch gut so. Aber nicht selten wirken diese alten Glaubenssätze wie eine unsichtbare Lebensbremse.

Das ist vor allem immer dann der Fall, wenn wir uns verändern, die alten Glaubenssätze aber unverändert bleiben. Denken Sie noch einmal an unser Beispiel von den Neuronennetzen im Gehirn, die sich gebildet haben und sich ständig mit jeder Aktivierung erweitern und zu immer komfortableren Datenbahnen werde. Je älter eine Informationsquelle ist und je häufiger Sie aktiviert wird, umso größer wird die Anzahl der neuronalen Verbindungen, die zu dieser Information gehören. Das ist der Grund, weshalb alte Glaubenssätze so stark in Ihnen repräsentiert sind und neue sich erst dahin entwickeln müssen.

Ich möchte Ihnen ein Beispiel dafür geben, wie alte Glaubenssätze im Erwachsenenalter starken Einfluss ausüben können.

Herr K. hatte einen bedeutenden Wechsel von seiner bisherigen beruflichen Position in eine Führungsposition innerhalb seiner Firma vollzogen. Er hatte sich auf Grund seiner außerordentlichen Fachkenntnisse gegen andere Mitbewerber durchgesetzt und war nun der Vorgesetzte einer großen Anzahl von Mitarbeitern. Sein Problem war, dass er sich im Umgang mit seinen Mitarbeitern unsicher und nicht ernst genommen fühlte. Trotz seiner großen beruflichen Qualifikation bereiteten ihm seine Führungsaufgaben große Probleme. Das reichte bis hin zu Magenschmerzen und Schlafstörungen. Er hatte von seinem strengen Vater im frühen Kindesalter gelernt, dass man Erwachsene immer ausreden lässt und sich zurückhält, bis man gefragt wird. Um seinen Vater nicht zu erzürnen, hielt er als Kind daher lieber den Mund, auch wenn er etwas zu sagen hatte. Tief in seinem Inneren bildete sich der Glaubenssatz „Ich darf erst etwas sagen, wenn ich die Erlaubnis dazu habe." Natürlich erschuf er im Laufe seines weiteren Lebens andere Glaubenssätze, die ihn zu einem gesellschaftsfähigen und beruflich erfolgreichen Menschen machten. Aber immer, wenn ihm Widerstand oder Kritik begegnete, wurde dieses alte Überlebensprogramm aktiviert und er wurde unsicher oder machte einen Rückzieher. Zwar versuchte er dies durch vernünftige Argumente zu widerlegen. Seine fachliche Kompetenz half ihm dabei und sein großer Leistungswille. Aber egal, ob er sich freundlich motivierte, sich unter Druck setzte oder seine Leistung steigerte. Wenn es darauf ankam, war es plötzlich wieder da. Denn das, was zu diesem alten Muster gehörte, war in Millionen von Zellen im Gehirn gespeichert. Und jedes Mal, wenn er sich in einer solchen Situation befand, wurde sein einschränkendes Verhalten durch sein altes, unbewusstes Überlebensprogramm aktiviert.

Dieses Beispiel steht stellvertretend für viele Glaubensmuster, die wir - aus gutem Grund - erlernt haben und die alltäglich unser Leben mitbestimmen. So wie sich die äußeren Bedingungen verändern, verändern wir uns mit. Wir werden geboren, die ersten Eindrücke schaffen auch unsere ersten Glaubenssätze über das Leben. Je nach Verlauf der Schwangerschaft unserer Mutter und der Geburt gewinnen wir schon da wesentliche Eindrücke, ob das Leben leicht ist oder mühsam, ob es leidvoll ist oder voller Freude, ob wir willkommen sind oder uns alles schwer erkämpfen müssen.

Wir erschaffen unser Bild, unsere Landkarte von der Welt aus den Erfahrungen, wie wir aufwachsen, wie die Umstände um uns herum sind und die Menschen, die zu uns gehören. Um diese Landkarte zu beschreiben, haben wir Menschen unsere Glaubenssätze. Denn die Landkarten der einzelnen Menschen unterscheiden sich oft erheblich. Glaubenssätze ermöglichen uns, die Welt so zu sehen, wie sie nach unserer Vorstellung ist.

Glaubenssätze sind, vereinfacht ausgedrückt, Annahmen über Ursache-Wirkungszusammenhänge. Viele dieser Überzeugungen sind uns in ihrer eigentlichen Form längst nicht mehr bewusst. Sie steuern unser Leben und zeigen sich durch unser Handeln. Da unser Unbewusstes diese Glaubenssätze immer dann gebildet hat, wenn etwas gesagt wurde oder sich ereignete, was für unser Leben von großer Wichtigkeit war, gewannen sie eine lebenstragende Bedeutung.

Da unser Unbewusstes für unseren Schutz sorgt, ruft es diese Glaubenssätze immer wieder dann ab, wenn von außen ein Impuls eindringt, der dies erforderlich macht. Das geschieht unreflektiert wie ein Reflex. Man kann auch sagen, es verfährt nach dem Motto: „Was damals gut war, ist auch heute gut." Und solange das Unterbewusstsein keine anderen Informationen zu den auslösenden Ereignissen erhält, z.B. dass es das, was es damals auf diese Art sichergestellt hat, heute viel effektiver mit anderen Methoden sicherstellen kann, wird es sich immer wieder der alten Programme bedienen.
Auch Ihre hinderlichen Glaubenssätze und Überzeugungen sind irgendwann einmal in Ihrer persönlichen Geschichte aus gutem Grunde entstanden. Sie wurden aus Ihrem Erleben der Welt heraus gebildet und genau in dieser Form in Ihrem Gehirn gespeichert.

Der amerikanische Erfolgstrainer Anthony Robbins erklärt das an dem folgenden Beispiel[8]:

8

„Grenzenlose Energie. Das Powerprinzip" von Antony Robbins, Heyne-Verlag

„Stellen Sie sich diese Überzeugungen wie Tische vor. Ein Tisch hat vier Beine, die die Tischplatte tragen. Nennen wir diese Tischplatte Überzeugung, so sind die Tischbeine die Erfahrungen, die zu dieser Überzeugung geführt haben und die diese nun tragen. Es kann sein, dass aus irgendeinem Grund eines der Beine beschädigt wurde. Der Tisch wackelt und ist als Tisch nicht mehr so brauchbar. Würde ich nun hingehen und die Tischplatte austauschen, bekäme die neue Tischplatte dieselben Beine, sprich dieselben Erfahrungen. Der Tisch würde weiterhin wackeln und wäre genauso schlecht zu gebrauchen wie vorher."

Um eine Überzeugung langfristig zu verändern, ist es wichtig, das, worauf sich die Überzeugung stützt, den neuen Bedingungen anzupassen.

Ich habe bereits beschrieben, dass viele dieser Erfahrungen lange zurück liegen. Da wir jünger und kleiner waren, waren auch unser Blickwinkel und die Wahrnehmung der Welt um uns herum völlig verschieden von den heutigen. Die Bedeutung eines Ereignisses stellt sich meist durch die Perspektive, aus der Sie es betrachten, dar. So macht es einen großen Unterschied, ob Sie etwas von oben oder von unten, in Ruhe oder in Bewegung, mit einem guten Gefühl oder in Unsicherheit betrachten. Es macht auch einen Unterschied bei der Beurteilung Ihrer Umwelt.

Stellen Sie sich vor, Sie fahren in ein Land, in welchem Sie nie zuvor gewesen sind. In diesem Land wird eine fremde Sprache gesprochen, die Sie nicht verstehen. Sie werden das Land, die Menschen und die Geschehnisse dort ganz anders wahrnehmen, als wenn Sie dort zum wiederholten Male hinfahren und inzwischen die Sprache verstehen.

Sie können also versuchen, die Bedeutung der Erfahrungen zu verändern. Sie können dem Inhalt der Sätze, die Sie einmal gehört haben, einen neuen Sinn geben. Da Ihr Gehirn in seiner Funktion, Informationen zu speichern, nicht unterscheidet zwischen real und irreal, zwischen Gegenwart und Zukunft, möchte ich Ihnen eine Methode vorstellen, mit deren Hilfe Sie Ihrem Gehirn diese neuen Überzeugungen so vermitteln, als hätten sie diese schon immer ebenso wie die alten Überzeugungen besessen. Diese Methode der Veränderung nutzt die Erkenntnisse, die die aktuelle Gehirnforschung über die Arbeitsweise des Gehirns liefert und die Arbeitsmodelle des *Neurolinguistischen Programmierens (NLP)*.

Folgende Geschichte erzählt man von Thomas Edison:

„Thomas Edison musste erst über zehntausend Versuche durchführen, in denen er feststellte, warum eine Glühbirne nicht brennt, bis er herausfand, wie eine Glühbirne brennt. Er hatte dabei die Überzeugung, dass jeder der 10000 Versuche ein Erfolg war, weil er ihn ein Stück seinem Ziel näher brachte. Er konzentrierte sich beharrlich darauf, was er erreichen wollte. Er wurde so zum produktivsten Erfinder der Neuzeit. 1.097 Patente wurden auf seinen Namen eingetragen."

„Das Komische am Leben ist:
Wenn man darauf besteht,
nur das Beste zu bekommen,
dann bekommt man es auch. "
(William Sommerset Maugham)

Kapitel 6

Glückskompetenz im Alltag

Der Ort der eigenen Ressourcen

Als Hilfe auf dem Weg zu Ihrer Glückskompetenz möchte ich Ihnen die schöne Möglichkeit zeigen, jederzeit einen Ort der eigenen Ressourcen zu Verfügung zu haben. Der Alltag bietet viele Gelegenheiten, in denen Sie Ihre Glückskompetenz nutzen können. Ganz gleich, ob es sich um innere oder äußere Konflikte und Herausforderungen handelt. Als Mensch mit einer eigenen Glückskompetenz sind Sie in der Lage, vieles für sich zufriedenstellend zu meistern.

Hilfreich ist es dabei, einen Ort zu besitzen, an dem man in der Hektik des Alltags einen Moment der Kraft und Ruhe finden kann. Doch nur selten befinden Sie sich an einem Platz, der Ihnen Ruhe und Kraft gibt. Daher lade ich Sie ein, sich einen Ressource-Ort zu schaffen, den Sie jederzeit selbst abrufen können, wenn Sie ihn brauchen.

Erinnern Sie sich an eine Begebenheit oder Situation, in der es Ihnen richtig gut ergangen ist. Es mag sein, dass Ihnen gerade jetzt, wo Sie nach diesem Erlebnis suchen, nichts einfällt. Manchmal ist es schwierig, sich an die guten Dinge zu erinnern, weil so vieles andere aktuell wichtiger erscheint. Oder Sie sind nicht sicher, ob es wirklich schön genug war. Aber mit Sicherheit wird die eine oder andere Situation auftauchen, in der Sie sich gut gefühlt haben.

Vielleicht denken Sie an Ereignisse, in denen Sie kraftvoll und energiegeladen waren. Oder Sie erinnern sich an Situationen, in denen Sie besonders zufrieden und ausgeglichen oder einfach nur froh waren. Vielleicht waren Sie auch glücklich oder ausgelassen dabei.

Es kann schon lange zurückliegen, Monate, Jahre oder Jahrzehnte, oder es war erst gestern. Wann immer der Zeitpunkt war, an den Sie sich erinnern und an dem Sie sich so richtig gut gefühlt haben und wo immer es war, mit wem, alleine oder mit anderen Menschen, versuchen Sie, diese Situation noch einmal zu erleben. Gibt es Bilder, die Ihnen dazu einfallen, vielleicht Geräusche oder Gerüche? Können Sie noch einmal spüren, was Sie damals gespürt haben? Nehmen Sie alles wahr. Wiederholen Sie das ganze Erleben, und es ist völlig in Ordnung, wenn Ihre Aufmerksamkeit von dieser Situation weggeht zu anderen Erlebnissen, in denen Sie sich auch gut gefühlt haben. Nehmen Sie alles Schöne und Angenehme wahr. Achten Sie darauf, welches Gefühl in diesem Moment mit der Erinnerung verbunden ist. Wo und wie nehmen Sie es wahr? Ist es warm oder kühl, angenehm oder neutral? Achten Sie auf alles und erleben Sie es neu.

Wenn Sie dies ausgiebig getan haben, finden sie ein Wort, welches diese Situation beschreibt. Sprechen Sie das Wort laut aus, mit Ihrer Stimme, welche die Situation wiedergibt. Dieses Wort soll ausdrücken, was Sie erlebt haben.

Schreiben Sie nun dieses Wort auf ein Blatt Papier, während Sie es laut wiederholen. Schmücken Sie es aus, so dass es noch schöner wird. Sprechen Sie es laut oder im Stillen aus und benennen Sie damit diese angenehme Situation. Sie können auch symbolhaft einen Gegenstand in die Hand nehmen, einen Stein oder einen Edelstein zum Beispiel, während Sie sich noch einmal ganz in diese angenehme Situation begeben. Halten Sie den Gegenstand dabei fest in Ihre Hand gedrückt. Er wird Sie ebenso wie das Wort in Zukunft zu Ihrem Ressourcen-Ort führen. Denken Sie zukünftig an dieses Wort, berühren Sie den Gegenstand oder stellen Sie sich das Bild vor, wenn Sie diesen Zustand brauchen.

Wie aus Wünschen Ziele werden

In den vorhergehenden Kapiteln haben Sie erfahren, wie wichtig es ist, Ihre Ziele genau zu beschreiben. Sie wissen, was Sie haben wollen und können daher Ihren Sender auf die richtige Frequenz einstellen. Dann sind Sie offen für die Erfüllung Ihrer Wünsche, damit das Gesetz der Resonanz wirksam werden kann. Und Sie befinden sich im empfangsbereiten Zustand für Ihre Glückskompetenz

Wie ich schon angedeutet habe, stehen viele Wünsche im Widerspruch zu den Programmen und Glaubenssätzen, die Sie im Laufe Ihres Lebens erschaffen haben. Jeder Einwand kann so mit seinen Millionen von neuronalen Verbindungen zu einer starken Blockade werden, die Ihre Empfangsbereitschaft ablenkt oder die gesendeten Gedanken auf die falsche Frequenz einstellt. Daher ist es manchmal erforderlich, einige Korrekturen an den vorhandenen inneren Programmen vorzunehmen, indem Sie neue, für Ihr Ziel geeignete Neuronennetze schaffen.
Zunächst ist es dabei wichtig, zu erkennen, was genau Sie daran hindert, Ihre Ziele zu erreichen. Die Gründe können mannigfaltig sein ebenso wie die Lösungsmöglichkeiten. In diesem Teil des Buches biete ich Ihnen die Gelegenheit, verschiedene Methoden kennenzulernen, die

Sie darin unterstützen werden, sich der Umsetzung Ihrer Glücks-kompetenz zu nähern. Sie verstärken Ihre positiven neuronalen Verbindungen, bauen diese aus oder schaffen neue Neuronennetze, die Sie für Ihre persönliche Glückskompetenz benötigen.

Übung: Ziele und Ressourcen

Diese Übung hilft Ihnen, Klarheit über Ihre Ziele und die Umstände, unter denen Sie erreichbar sind, zu gewinnen.

Suchen Sie sich einen ruhigen Ort, an dem Sie ungestört die nächste Stunde verbringen können. Nehmen Sie einige Blätter Papier und einen Stift dazu.

Benennen Sie nun ein Ziel, welches Sie erreichen wollen. Haben Sie mehrere Ziele, nehmen Sie zuerst das, welches sich in diesem Moment am lautesten meldet, welches Sie am deutlichsten wahrnehmen können. Nehmen Sie es wie es ist. Es ist auch möglich, als Ziel das Finden eines Zieles zu nehmen.

Sagen Sie sich zuerst: „Wenn ich sicher sein könnte, dass ich auf keinen Fall scheitern kann, was würde ich dann tun?"

Schreiben Sie auf, was Sie erreichen wollen. Träumen Sie, phantasieren Sie und fassen Sie Ihr Ziel in einem oder zwei Sätzen zusammen.

....

....

....

....

....

....

Beschreiben Sie nun das Ziel genauer. Nutzen Sie auch, was Sie aus den 4 Glückskompetenz-Regeln gelernt haben.

Fragen Sie sich: Wann, zu welchem Zeitpunkt werde ich dieses Ziel erreichen?

....

....

....

....

....

....

....

Wer ist daran beteiligt?

....

....

....

Wie werde ich mich verhalten, alleine und anderen gegenüber?

....

....

....

....

....

....

....

Was werde ich innerlich wahrnehmen und fühlen, wenn ich dieses Ziel erreicht haben werde?

....

....

....

....

....

....

....

Ziele und Wunder

Nachdem Sie Ihr Ziel genau beschrieben haben, möchte ich Sie einladen, eine kleine Zeitreise zu unternehmen.

Der Tag geht vorüber und der Abend kommt. Irgendwann gehen Sie zu Bett und schlafen ein. Sie schlafen tief und fest. Während Sie schlafen, geschieht das Wunder, und all das, was Sie am Tag zuvor als Ihren Wunsch formuliert haben, geht in Erfüllung.
Das Besondere ist, dass das Wunder geschieht, während Sie schlafen und Sie gar nicht bemerken, was sich da ereignet. Am nächsten Morgen erwachen Sie. Sie wissen nicht, dass dieses Wunder geschehen ist. Aber es ist geschehen. Ihr Wunsch ist Wirklichkeit geworden.

Woran werden Sie erkennen, dass das Wunder passiert ist? Ihr Wunsch hat sich erfüllt, ohne dass Ihnen dies bewusst ist. Woran können Sie bemerken, dass es passiert ist? Was ist anders?

Schreiben Sie auf, woran Sie und andere bemerken werden, dass dieses Wunder geschehen ist:

....

....

....

....

....

....

Dass das Wunder geschehen ist, werden auch andere
Menschen in Ihrer Umgebung bemerken. Was vermuten
Sie, wie diese Menschen auf Ihre Veränderung reagieren?
Vergegenwärtigen Sie sich alle Personen, die in diesem
Zusammenhang von Bedeutung sind.

....

....

....

....

....

....

Wie reagieren Sie auf die Reaktionen dieser Menschen?
Gehen Sie alle Möglichkeiten durch und schreiben Sie
diese auf.

....

....

....

....

....

....

Wie fühlen Sie sich, wenn auf diese Weise Ihr Wunsch in Erfüllung gegangen ist? Sind Sie zufrieden oder regen sich in Ihnen Zweifel? Schreiben Sie es auf.

....

....

....

....

....

....

Ihre besten Fähigkeiten für die Glückskompetenz

Auf dem Weg zu Ihrem Ziel benötigen Sie ausreichend Ressourcen. Oft glauben wir Menschen, dass uns diese Ressourcen fehlen, dass wir zu schwach, zu unerfahren, zu ungebildet, zu …........ sind. Dabei kann ich Ihnen versichern, dass alles, was Sie brauchen, um Ihre Ziele nach den vorgegebenen Regeln zu erreichen, in Ihnen liegt. Sie wissen es oft nur nicht.

Listen Sie hier fünf bis zehn für Sie bemerkenswerte Erfolge auf. Ordnen Sie anschließend die Liste nach Wichtigkeit (vom bedeutungsvollsten bis zum am wenigsten bedeutungsvollsten).

Meine Erfolge:

1.

2.

3.

4.

5.

6.

7.

8.

9.

10.

Welche Ihrer Fähigkeiten gehörten zu diesen Erfolgen? Ordnen Sie den Ereignissen die Fähigkeiten zu, die für das Gelingen erforderlich waren.

Meine dazu gehörigen Fähigkeiten:

1.

2.

3.

4.

5.

6.

7.

8.

9.

10.

Was von dem, was Sie nicht so gut können, ist wichtig für Sie? Was davon würden Sie gerne können oder tun? Schreiben Sie es auf.

Was ich nicht gut kann (aber gerne können wurde):

1.

2.

3.

4.

5.

6.

7.

8.

9.

10.

Schauen Sie sich jetzt Ihre Fähigkeiten an, die Ihnen bei Ihren Erfolgen geholfen haben, und überprüfen Sie, wie diese Fähigkeiten Ihnen auch bei dem helfen, was Sie jetzt noch nicht können. Stellen Sie sich vor, wie es ist, wenn Sie diese Fähigkeiten hätten.

Geben Sie Ihren Wünschen einen guten Platz in Ihrem Leben

Der Mensch lernt, indem er das Leben testet. Er probiert und wiederholt seine Versuche so oft, bis er sich die Fähigkeit angeeignet hat, die er erlernen möchte. Bei Kindern geschieht das noch oft unbewusst, später entwickelt sich dann das bewusste Lernen. Ob unbewusst oder bewusst gelernt, immer ist das Gehirn auf die gleiche Weise aktiv. Und je einprägsamer der Lernvorgang war, desto mehr Neuronennetze existieren, aus denen die Informationen geliefert und an andere Gehirnareale weitergegeben werden. In den vorangehenden Schritten haben Sie Ihrem Gehirn und Ihren inneren Instanzen schon viele Informationen geboten, wie es sein wird, wenn Sie Ihre Ziele erreicht haben. Jeder Wunsch, den Sie nach den 4 Zielkriterien beschrieben haben, ist als machbar registriert und Ihr Sender steht auf Empfang. Aber manchmal pendelt der Sender sich auch wieder in die Stellung des alten Programms zurück. Um die veränderten Neuronennetze zu stärken und zu erweitern, biete ich Ihnen die folgende Übung an. Bisher haben Sie über Ihr Vorstellungsvermögen die Grundlagen zu Ihrer Wunscherfüllung geschaffen. In dieser Übung werden Sie real Ihren Weg zur Glückskompetenz darstellen, um zu erfahren, ob es der richtige Weg ist und wie es sein wird, wenn Sie Ihr Wunschziel erreichen.

In der folgenden Übung lade ich Sie ein, sich spielerisch und räumlich Ihrem Zukunftsziel zu nähern. Suchen Sie sich einen Raum, in dem Sie ungestört sind. Sie benötigen drei Karten oder Zettel. Schreiben Sie auf eine Karte ein G für Gegenwart, auf den zweiten ein Z für die Zukunft und auf den dritten ein M für eine „Metaposition", was so viel bedeutet wie neutrale Position oder Übersichtsposition außerhalb dieser Linie (Time-Line).

Schritt 1:

Bestimmen Sie nun einen Punkt im Raum, der für Ihre gegenwärtige Situation steht, und legen dort Ihre G-Karte (Gegenwart) ab. Stellen Sie sich auf diesen Punkt. Versetzen Sie sich ganz in Ihre gegenwärtige Situation und schauen Sie dann, in welcher Richtung sinnbildlich Ihre Zukunft im Raum liegt.

Schritt 2:

Gehen Sie zu dem Punkt im Raum, an dem Sie Ihre Zunft sehen, und legen Sie an dieser Stelle die Z-Karte (Zukunft) ab. Denken Sie sich eine Linie, die die Z-Karte mit Ihrer G-Karte verbindet, die wir Zeitlinie oder Time-

Line nennen. Sie können sich auch eine Schnur oder Wäscheleine als Verbindung zwischen den beiden Punkten auslegen. Gehen Sie zum Punkt Z und stellen Sie sich vor, dass Sie an dieser Stelle Ihr Ziel erreicht haben. Versetzen Sie sich ganz hinein und tun Sie so, als hätten Sie das Ziel bereits erreicht.

Schritt 3:

Verlassen Sie nun diese Linie und finden Sie einen Punkt, von dem aus Sie einen guten Überblick über Ihre Time-Line von der Gegenwart bis zur Zukunft haben. Das ist der Punkt für Ihre Meta-Position (neutraler Punkt außerhalb), auf den Sie die M-Karte legen. Betrachten Sie von dort aus Ihren aktuellen und Ihren zukünftigen Zustand.

Von dem Punkt M aus erhalten Sie Informationen, die Ihnen entgangen sind, als Sie sich auf Ihrer Zeitlinie befunden haben.

G   **Z**

M

(Schema einer Time-Line)

153

Schritt 4:

Gehen Sie zurück auf den Gegenwartspunkt G und schauen Sie zu der Stelle, wo Sie sich in der Zukunft auf Ihrem Zielpunkt befanden. Wie wird Ihr Blick, Ihr Gesichtsausdruck, Ihre Körperhaltung in der Zukunft sein? Wie werden Sie sich fühlen?

Schritt 5:

Während Sie sich so betrachten, gehen Sie noch einmal langsam in Richtung Zukunftspunkt Z. Gehen Sie sehr langsam und machen Sie jeden Schritt bewusst, bis Sie dort angekommen sind. Stellen Sie sich genau so auf den Z-Punkt, wie Sie sich gesehen haben. Nehmen Sie die Körperhaltung ein, die Blickrichtung, alles, was Sie sich vorgestellt haben. Wie fühlen Sie sich? Nehmen Sie alles ausgiebig wahr. Wie ist es, das Ziel erreicht zu haben. Ist es gut, angenehm, oder fehlt etwas? Was könnte das sein? Nehmen Sie es hinzu und verändern Sie Ihre Haltung entsprechend.

Schritt 6:

Schauen Sie zurück in Ihre Gegenwart, zu dem Punkt G, von dem Sie eben losgegangen sind. Was fühlen Sie und denken Sie, wenn Sie sich dort in der heutigen Gegenwart sehen, bevor Sie losgegangen sind? Welche Empfehlungen haben Sie mit den Erfahrungen aus der Zukunft?

Schritt 7:

Gehen Sie nun langsam auf der Time-Line zurück in Ihre Gegenwart und nehmen Sie das Wissen aus der Zukunft mit.

Zusammenfassung der Übung

Schreiben Sie auf, was Sie erlebt haben und was von Bedeutung für Sie war! Notieren Sie auch die Einwände, falls es welche gab. Sie können Ihnen bei den folgenden Übungen nützlich sein.

Was haben Sie erlebt?

....

....

....

Was bedeutet es für Sie, Ihr angestrebtes Ziel zu erreichen?

....

....

....

Haben Sie Einwände gespürt? Wenn ja, welche?

....

....

....

Konnten Sie den Zukunftspunkt ohne Hindernisse sehen und erreichen?

....

....

....

Was bedeutet die Erfahrung für Sie?

....

....

....

Haben Sie Einwände wahrgenommen, so freuen Sie sich, dass Ihr Unterbewusstes mit Ihnen kommuniziert hat. Dann gibt es da noch etwas zu tun. Diese Hinweise können deutlich oder unklar sein. Sie können Ihnen Ideen bringen oder nur ein vages Empfinden. Nehmen Sie alle Wahrnehmungen als eine Unterstützung an, um auf Ihrem Weg voranzukommen.

Die Lektion eines Schmetterlings

Manchmal ist es erforderlich, alte Einstellungen zu korrigieren, um Neues wachsen zu lassen. Bevor wir uns auf die Begegnung mit möglichen Widerständen vorbereiten, möchte ich Ihnen die folgende Geschichte erzählen.

Eines Tages erschien eine kleine Öffnung in einem Kokon. Ein Mann beobachtete den zukünftigen Schmetterling mehrere Stunden lang, wie dieser kämpfte, um seinen Körper durch jenes winzige Loch zu zwängen.

Dann plötzlich schien er nicht mehr weiter zu kommen.

Es schien, als ob er so weit gekommen war wie es ging, aber jetzt aus eigener Kraft nicht mehr weitermachen konnte. So beschloss der Mann, ihm zu helfen: er nahm eine Schere und machte den Kokon auf.

Der Schmetterling kam dadurch sehr leicht heraus.

Aber er hatte einen verkrüppelten Körper, er war winzig und hatte verschrumpelte Flügel.

Der Mann beobachtete das Geschehen weiter, weil er erwartete, dass die Flügel sich jeden Moment öffnen, sich vergrößern und sich ausdehnen würden, um den Körper des Schmetterlings zu stützen und ihm Spannkraft zu verleihen.

Aber nichts davon geschah!

Stattdessen verbrachte der Schmetterling den Rest seines Lebens krabbelnd mit einem verkrüppelten Körper und verschrumpelten Flügeln.

Niemals war er fähig zu fliegen.

Was der Mann in seiner Güte und seinem Wohlwollen nicht verstand, war, dass der begrenzende Kokon und das Ringen, das erforderlich ist, damit der Schmetterling durch die kleine Öffnung kam, der Weg der Natur ist, um Flüssigkeit vom Körper des Schmetterlings in seine Flügel zu fördern. Dadurch wird er auf den Flug vorbereitet, sobald er seine Freiheit aus dem Kokon erreicht.

Manchmal ist das Ringen genau das, was wir in unserem Leben benötigen.

Wenn wir durch unser Leben ohne Hindernisse gehen dürften, würde es uns lahm legen. Wir wären nicht so stark, wie wir sein könnten, und niemals fähig zu fliegen.

Ich bat um Kraft ... und mir wurden Schwierigkeiten gegeben, um mich stark zu machen.

Ich bat um Weisheit ...und mir wurden Probleme gegeben, um sie zu lösen und dadurch Weisheit zu erlangen.
Ich bat um Wohlstand ...und mir wurde ein Gehirn und Muskelkraft gegeben, um zu arbeiten.

Ich bat um Mut....und mir wurden Hindernisse gegeben, um sie zu überwinden.

Ich bat um Liebe ...und mir wurden besorgte, unruhige Menschen mit Problemen gegeben, um Ihnen beizustehen.

Ich bat um Entscheidungen ...und mir wurden Gelegenheiten gegeben.

Ich bekam nicht, was ich wollte ...Aber ich bekam alles, was ich brauchte.

Wie Sie aus Ihren Einwänden Stärken machen

Übung:

Stellen Sie sich in allen Einzelheiten vor, wie Ihre Vision Wirklichkeit wird. Zeigen sich dabei Widerstände, Zweifel oder ein Unwohlsein? Spüren Sie vielleicht etwas Unangenehmes in Ihrem Körper, was Sie vom Ziel ablenkt?

Widerstände treten oft in Form von störenden Gefühlen, Ablenkung oder Gedankennebeln auf. Oder sie zeigen sich in der Art, dass Sie sich nicht auf das Ziel konzentrieren können.

Können Sie alles, was Sie sich wünschen, deutlich erleben oder verschwimmt Ihre Vorstellung?

Können Sie sich selber im Bild sehen oder nicht?

Gibt es Stimmen in Ihnen, die Ihren Vorstellungen widersprechen?

Schreiben Sie auf, was Ihnen an Einwänden, Zweifeln und unangenehmen Gefühlen auffällt.

Werden einschränkende Sätze oder Überzeugungen laut? Stellen Sie sich vor, Sie können die Energie, Zuverlässigkeit und Kraft dieser einschränkenden Überzeugungen so für sich nutzen, dass diese Sie beim Erreichen Ihrer Ziele kraftvoll und zuverlässig unterstützen.

Glaubenssätze und das Gesetz der Resonanz

Bevor ich Ihnen Gelegenheit biete, eine Methode auszuprobieren, die Sie in die Lage versetzt, aus alten einschränkenden Glaubenssätze neue stärkende Überzeugungen zu machen, möchte ich Ihre Aufmerksamkeit noch einmal auf das Gesetz der Resonanz richten. Sie wissen, dass Ihre Umwelt Ihnen immer das spiegelt, was Sie selber ausstrahlen. Man kann das Gesetz der Resonanz auch als das Gesetz des Säens und des Erntens bezeichnen. Wenn Sie einschränkende und destruktive Gedanken säen, werden Sie auch Einschränkungen und Destruktivität erfahren. Wenn Sie glückliche und aufbauende Gedanken säen, kommt Glück und Kraft zu Ihnen. Damit meine ich nicht, dass Sie irgendwelche positiven Affirmationen vor sich hinsagen sollen, in der Hoffnung, dass, wenn Sie sie nur oft genug wiederholen, alles gut wird. Das ist eine eher oberflächliche Methode, die nur bedingt hilfreich ist.

Vielmehr meine ich die Umwandlung der destruktiven, einschränkenden alten Gedanken und Überzeugungen in kraftvolle und unterstützende Glaubenssätze. Das Prinzip dieser Methode ist, dass die für die alten Glaubenssätze angelegten neuronalen Netze mit den Inhalten der neuen Glaubenssätze verknüpft werden. Damit nutzen Sie die vorhandenen Kraft und Energie für Ihre aktuellen Wünsche.

Wie Sie alte, einschränkende Überzeugungen erkennen

Um Ihre alten negativen Überzeugungen in positive zu verwandeln, sollten Sie diese erst einmal kennen. Manchmal sind Sie bewusst, aber meistens wirken Sie von einer verborgenen Ebene aus. Daher ist es wichtig, dass Sie herausfinden, welche Gedanken und Überzeugungen Sie daran hindern, das zu bekommen, was Sie sich wünschen. Wo werden Sie in Ihrer Glückskompetenz behindert? Holen Sie die Glaubenssätze, die Ihren heutigen Vorhaben widersprechen, an die Oberfläche. Aber denken Sie an die Geschichte des Japanischen Soldaten. Diese alten Sätze wurden meist als Schutzreaktionen auf bestimmte Ereignisse in Ihrem Leben gebildet. Auch wenn das für Sie heute oftmals unverständlich ist, gilt: Alle Glaubenssätze tragen eine ursprünglich zutiefst positive Absicht in sich, ohne deren Anerkennung Sie keine Fortschritte machen werden.

Glückskompetenz bedeutet hier, die schützenden Überzeugungen zu erkennen, zu würdigen und sie dann so zu verändern, dass sie von der Einschränkung zur Unterstützung werden.

Die meisten Glaubenssätze, die besonders tief in Ihnen verankert sind und welche die größte Bedeutung für Ihr Leben haben, stammen aus Ihrer Kindheit oder Jugend. Denn in dieser Zeit waren Sie besonders offen für die Überzeugungen Ihrer Bezugspersonen. So konnten Sie oft nicht überprüfen, was richtig und was falsch war. Das, was man Ihnen über das Leben und die Menschen erzählte, nahmen Sie als wahre und kompetente Aussagen an. Sie erkannten noch nicht, dass auch das nur die Überzeugungen von Menschen waren, die so die Welt zu beschreiben versuchten, ohne zu wissen, was richtig und falsch ist. Die ersten Jahre sind dafür da, dass der Mensch lernt und sich entwickelt. Durch die Art, wie unser Gehirn diese Entwicklung dokumentiert und die Erfahrungen in Neuronennetze legt, sind diese ersten Jahre für unsere Sicht der Welt und unsere innere Landkarte dieser Welt von entscheidender Bedeutung. Aus gutem Grund können wir uns an vieles nicht mehr erinnern, und doch lebt es in uns und steuert unser Verhalten. Daher lade ich Sie ein, eine Zeitreise in Ihre Vergangenheit zu machen und sich an Gedanken und Sätze von Menschen zu erinnern, die Sie oft gehört haben und die für Sie von Bedeutung waren.

Erfahren Sie mehr über Ihre Überzeugungen und Glaubenssätze

Beginnen Sie damit, dass Sie sich gedanklich in Ihre Kindheit begeben. Versuchen Sie sich zu erinnern, wie es war, als Sie 1 – 7 Jahre alt waren. Gab es bedeutsame Ereignisse in dieser Zeit? Welche Menschen begegneten Ihnen damals und welche waren wichtig für Sie? Schreiben Sie zu jedem mindestens einen Satz auf, der typischerweise von dieser Person in Bezug auf Ihr heutiges Ziel gesagt worden ist oder den diese Person gesagt haben könnte.

Person 1:
Name:
....

Satz:
....
....
....

Person 2:
Name:
....

Satz:

....

....

....

Person 3:

Name:

....

Satz:

....

....

....

Person 4:

Name:

....

Satz:

....

....

....

Finden Sie nun Personen, die für Sie im Alter von 8 - 14 Jahren wichtig waren und suchen Sie zu diesen Personen einen typischen Satz zu Ihrem Thema. Sollten dabei die gleichen Personen vorkommen, finden Sie einen Satz, der in diese Zeit passt.

Person1:
Name:

....

Satz:

....

....

....

Person 2:
Name:

....

Satz:

....

....

....

Person 3:

Name:

....

Satz:

....

....

....

Person 4:

Name:

....

Satz:

....

....

....

Zum Schluss denken Sie an Personen, die für Sie im Alter von 15 -21 Jahren wichtig waren und suchen Sie zu diesen Personen und für diesen Zeitraum einen Satz zu Ihrem Thema, der von diesen Menschen stammen könnte.

Person1:

Name:

....

Satz:

....

....

....

Person 2:

Name:

....

Satz:

....

....

....

Person 3:

Name:

....

Satz:

....

....

....

Person 4:

Name:

....

Satz:

....

....

....

Schreiben Sie jetzt Ihre eigenen Überzeugungen und
Glaubenssätze zu Ihrem Thema auf. Nehmen Sie auch das
Blatt Papier dazu, auf welchem Sie Ihre Einwände notiert
hatten. Sind da Sätze dabei, die eine einschränkende
Überzeugung ausdrücken. Schreiben Sie alles auf, egal ob
es positive oder negative, förderliche oder absurde
Überzeugungen sind.

Ihre eigenen Überzeugungen in Bezug auf Ihr persönliches Glück:

....

....

....

....

....

....

....

....

....

....

Notieren Sie nun fünf Ihrer Glaubenssätze oder Überzeugungen, die am meisten im Widerspruch zur Erfüllung Ihrer Ziele stehen.

1. ....

2. ....

3. ....

4. ....

5. ....

Suchen oder erfinden Sie nun fünf Glaubenssätze oder Überzeugungen, die Ihnen helfen, Ihre Ziele zu erreichen. Seien Sie kreativ und achten Sie gleichzeitig auf Ihr Gefühl. Stellen Sie sich vor, wie Sie Ihr Ziel oder Ihre Ziele erreichen. Welche Sätze könnten Sie besonders stark unterstützen? Welche könnten die oben genannten Sätze wirkungsvoll ersetzen? Schreiben Sie diese Sätze auf.

1. ....

2. ....

3. ....

4. ....

5. ....

Sie haben nun zunächst die Glaubenssätze gefunden, die sich für das Erreichen Ihres Zieles als hinderlich erweisen. Waren diese Sätze Ihnen schon vorher bewusst? Wie sind Sie bisher damit umgegangen? Haben Sie sie einfach nicht beachtet oder haben Sie sich darüber geärgert? Oder war Ihnen gar nicht bewusst, dass diese Sätze ein Hindernis in sich bargen?

Anschließend haben Sie fünf Überzeugungen gefunden oder kreiert, die Ihnen Unterstützung auf Ihrem Weg zum Ziel geben können. Was fangen Sie nun damit an?

Ein Experiment, das sich für Sie lohnt.

Bevor ich Ihnen zeige, wie Sie neue Überzeugungen kraftvoll mit Hilfe der alten Glaubenssätze in Ihr heutiges Leben integrieren können, machen Sie bitte folgendes Experiment.

Schreiben Sie einen der einschränkenden Glaubenssätze auf. Lesen Sie ihn sich laut vor und drehen Sie ihn dann herum. Was empfinden Sie dabei?

Nehmen wir einmal den bekannten Glaubenssatz: „Erst die Arbeit, dann das Vergnügen." Seine Umkehrung lautet: „Erst das Vergnügen, dann die Arbeit." Welcher Satz ist richtig? Keiner, beide, nur einer?

Ein anderer Glaubenssatz könnte lauten: „Ich darf nur handeln, wenn ich ganz sicher bin, dass ich das Richtige tue." Seine Umkehrung könnte sein: „Ich bin ganz sicher, dass ich das Richtige tue, wenn ich handle." Oder „Ich tue das Richtige, wenn ich ganz sicher bin, dass ich handle." Welcher Satz fühlt sich stimmiger an?
Machen Sie diese Übung mit allen Glaubenssätzen, die Ihnen in den Sinn kommen und finden Sie zu jedem Satz seine Umkehrung.

So verwandeln Sie Ihre einschränkenden Überzeugungen unterstützende Energie.

In der folgenden Übung können Sie einen neuen Glaubenssatz kreieren und ihm die Energie und Kraft des alten Glaubenssatzes verleihen. Sie benötigen einen ruhigen Platz, ein bis zwei Blätter Papier. Gut ist es, wenn Sie mehrere Farbstifte zur Verfügung haben, aber ein Kugelschreiber oder Bleistift tut es auch.

Schritt 1:

Schauen Sie sich die fünf Sätze an, die Sie als einschränkend empfinden. Suchen Sie den Satz, der Sie im Moment besonders stört. Sprechen Sie ihn aus und stellen Sie sich dabei vor, wie er aussieht, wenn Sie Ihn geschrieben sehen. Achten Sie darauf, in welcher Schrift er Ihnen erscheint. Vielleicht sehen sie ihn in Handschrift oder in Druckbuchstaben, Kinderschrift oder Leuchtbuchstaben, verschnörkelt oder geradlinig geschrieben. Sind die Buchstaben farbig oder schwarz-weiß, dick oder dünn, klein oder groß? Können Sie den Satz gut lesen oder ist er eher undeutlich? Steht er im hellen oder im Dunkeln, mit oder ohne Hintergrund? Nehmen Sie alles so zur Kenntnis, wie es ist.

Dann schreiben Sie den Satz genauso auf, wie sie ihn vor Ihrem inneren Auge gesehen haben oder wie er Ihnen nun erscheint. Wählen Sie mit Bedacht die gleiche Schrift, Größe und Form. Wenn Sie Farbstifte haben, geben Sie dem Satz die Farben, die Sie sehen. Schreiben Sie den Satz in die Mitte des Blattes, so dass über ihm noch Platz ist.

Schritt 2:

Schauen Sie sich den Satz an und sprechen Sie ihn noch einmal laut aus. Überlegen Sie, für was dieser einschränkende Satz einmal nützlich gewesen sein könnte oder heute und zukünftig nützlich sein könnte. Vielleicht ist Ihr erster Impuls, zu sagen, dass dieser Satz für nichts nützlich oder hilfreich gewesen ist. Dann denken Sie daran, dass das eigentliche Ziel unseres Unterbewusstseins der Schutz unserer Existenz ist und dass auch diese heute einschränkende Überzeugung irgendwann einmal zu irgendetwas Nutze gewesen sein könnte.

Überlegen Sie so lange, bis Sie etwas gefunden haben und erkennen Sie es an.

Schritt 3:

Entscheiden Sie nun, welchen Satz, welche Überzeugung Sie anstelle des alten einschränkenden Satzes haben möchten. Welche Überzeugung würde Sie heute unterstützen, um an Ihr Ziel zu gelangen?

Formulieren Sie den Satz positiv nach den zu Beginn des Buches beschriebenen Regeln zur erfolgreichen Zielerreichung.

Fühlen Sie in sich hinein, ob der Satz richtig ist oder er noch besser formuliert werden könnte. Lassen Sie sich Zeit, schließlich soll Sie dieser Satz Ihr weiteres Leben positiv begleiten.

Fragen Sie sich auch, was geschehen würde, wenn die neue Überzeugung Wirklichkeit wird. Welche Konsequenzen sind damit verbunden? Gibt es etwas, was Sie hierdurch verlieren könnten? Könnten Sie in der neuen Situation Ärger bekommen? Wenn ja, mit wem und wodurch? Sind Sie bereit, die eventuellen Konsequenzen zu tragen?

Schritt 4:

Wenn alles stimmig ist, schreiben Sie diesen Satz auf. Nehmen Sie das Blatt, auf dem der alte Glaubenssatz steht und schreiben Sie den neuen darüber. Schreiben Sie ihn in exakt der gleichen Schrift, Größe und Farbe wie den alten. Machen Sie mit dem neuen Inhalt eine genaue Kopie des alten Satzes.

Schritt 5:

Auf Ihrem Blatt sehen Sie jetzt zwei Sätze in gleicher Schrift. Streichen Sie nun den alten Glaubenssatz durch und lesen Sie laut den neuen vor. Stellen Sie ihn sich in dieser Schrift auch vor Ihrem inneren Auge vor. Wiederholen Sie Schritt 5 an mehreren Tagen. Es reicht aus, wenn Sie dann kurz das Blatt zur Hand nehmen und sich den neuen Satz laut vorlesen. Sie können das Blatt auch an Ihrem Badezimmerspiegel, am Computerbildschirm oder jeder anderen sichtbaren Stelle befestigen. Schon bald werden Sie merken, wie dieser neue Glaubenssatz beginnt, Ihr Leben positiv zu unterstützen.

Auf den folgenden Seiten möchte ich Ihnen anhand von einigen Beispielen zeigen, wie Sie mit dieser Methode erfolgreich arbeiten können.

Beispiel 1:

Sie fühlen sich mit Ihrem Leben nicht im Einklang und tun Dinge, die Sie hinterher bereuen. Sie finden hierzu den Glaubenssatz in sich: „Ich habe keine Wahl".

Schauen Sie, wie dieser Satz in Ihnen repräsentiert ist. Hier erscheint der Satz in folgender Schrift:

Ich habe keine Wahl

Die Schrift ist die eines kleinen Kindes. Der Satz wird also genauso aufgeschrieben. Dann wird der neue Glaubenssatz gesucht. In diesem Fall lautet er: „Ich darf selbst bestimmen."

Er wird in der gleichen Schrift geschrieben, wie der alte Glaubenssatz.

Ich darf selbst bestimmen

Streichen Sie den alten Satz bewusst durch und betrachten Sie intensiv den neuen Glaubenssatz. Lesen Sie ihn laut und wiederholen Sie ihn mehrfach.

Befestigen Sie den Zettel mit dem neuen Glaubenssatz an einer Stelle, an der Sie ihn immer wieder während des Tages sehen und wiederholen Sie ihn.

Beispiel 2:

Der alte Glaubenssatz lautet: „Ich muss mich beweisen."
Dieser Satz führt zu permanentem Stress. Er sieht
folgendermaßen geschrieben aus.

ich muß mich beweisen !

Der neue Glaubenssatz lautet: „Ich bin gut so, wie ich
bin." Er wird wie der alte Satz aufgeschrieben und sieht
dann so aus.

ich bin gut so wie ich bin !

Auch hier wird der alte Satz durchgestrichen und der neue mehrfach wiederholt und in den nächsten Tagen immer wieder angeschaut.

Ausweitung der Übung auf andere Lebensbereiche:

Natürlich können Sie diese Übung auch für andere Bereiche Ihres Lebens nutzen. Gibt es Dinge, die in Ihrem Leben eine Rolle spielen oder spielen sollen, deren Bedeutung Sie auf- oder abwerten möchten? Hierbei verfährt man ein wenig anders, als bei der vorhergehenden Methode. Man arbeitet nur mit einem Wort und verändert dieses in eine neue Richtung.

Möchten Sie etwas reduzieren, wie zum Beispiel Ihren Zigaretten- oder Süßigkeitenkonsum, dann machen Sie die Übung Abwertung.
Wollen Sie etwas verstärken, wie zum Beispiel mehr Gelassenheit oder Power, wählen Sie die Übung Aufwertung.

Beispiel Abwertung:

Sie möchten weniger Schokolade essen. Stellen Sie sich das Wort Schokolade vor, wie Sie es schreiben würden und schreiben Sie es auf. Das Wort Schokolade könnte dann so aussehen:

Schokolade

Suchen Sie nun ein Thema, welches Ihnen gar nicht gefällt und schreiben Sie dieses so auf, wie Sie es sehen.

Angenommen Sie mögen keinen Speck, so schreiben Sie das Wort auf, wie es Ihnen kommt, z.B. so:

SPECK

Schreiben Sie anschließen genauso das Wort

Schokolade

und schauen es sich immer wieder an.

Beispiel Aufwertung

Sie hadern mir Ihrem Erfolg und schreiben das Wort auf,
z.B. so:

Erfolg

Nehmen Sie nun ein Wort für etwas, welches Sie mögen
und von dem Sie sicher sind, dass es eintreten wird. Das
könnte z.B. der Sommer sein. Schreiben Sie also Sommer,
so wie Sie es sehen:

SOMMER !

Anschließend nehmen Sie Ihr Wörtchen Erfolg und
schreiben Sie es genauso wie Sommer.

ERFOLG !

„Wenn das Leben keine Vision hat,
nach der man sich sehnt,
die man verwirklichen möchte,
dann gibt es auch kein Motiv,
sich anzustrengen."
(Erich Fromm)

Kapitel 7

Glückskompetenz und persönliches Handeln

Übungen zur Glückskompetenz

Sie haben bereits viel darüber erfahren, wie Glückskompetenz entsteht und wie Sie Ihre Glückskompetenz erkennen und entwickeln können. Sie wissen, wie Sie Ihre Fähigkeit stärken, an Ihrem Glück aktiv zu arbeiten, und Einwände integrieren können.

Unser tägliches Leben bietet eine Vielfalt von Möglichkeiten für Erfolg und Misserfolg, für gelingendes Glück und für beschränkendes Unglück. Vieles hängt davon ab, wie Sie die Ereignisse und die Menschen um Sie herum erleben und wie Sie damit umgehen.

Glückskompetenz heißt, die Wahlmöglichkeit zu besitzen, mit den Anforderungen in Ihrem Leben zielgerecht umgehen zu können. Die besten Voraussetzungen bestehen für Sie immer dann, wenn Sie sich in einem ressourcevollen Zustand befinden. Denn Probleme entstehen dadurch, dass Ihnen in diesem Moment die erforderlichen Ressourcen fehlen.

In diesem Kapitel möchte ich Ihnen einige Übungen vorstellen, die es Ihnen ermöglichen, den unterschiedlichen Herausforderungen des Lebens angemessen und mit einem guten Gefühl begegnen zu können. Alle Übungen können Sie leicht und nützlich in Ihren Alltag integrieren.

Übungen für einen glücklichen Start in den Tag

Jeder Mensch ist der Schöpfer seines Lebens. Er hat großen Einfluss darauf, wie sein Leben verläuft. Üben Sie diesen Einfluss bewusst aus, damit jeder Tag für Sie der bestmögliche wird. Dazu bedarf es der Überzeugung, dass Sie diesen Einfluss ausüben können und dürfen. Wie heißt es so schön in dem alten Sprichwort: „Jeder ist seines eigenen Glückes Schmied." Falls Sie jetzt einen Einwand entdecken, ist dies ein gutes Zeichen, diesen Einwand mit den Übungen aus Kapitel 6 zu verändern.

Es ist von großer Bedeutung, dass Sie dankbar sind für die Möglichkeit, selbst ihr Leben bewusst bestimmen zu können. Es ist ein Geschenk, welches Sie in Ihren Händen halten. Ob Sie es annehmen und wie Sie es nutzen, liegt ganz bei Ihnen. Denn die Frequenz, auf der Ihnen das Leben begegnet, bestimmen Sie allein.

Damit Sie den Tag bereits mit einem guten, energievollen Gefühl beginnen können, möchte ich Ihnen die folgenden Übungen vorstellen. Jede der folgenden Übungen können Sie nutzen, um unangenehme Gefühle abzuschwächen oder in positive zu verwandeln. Sie können Sie auch anwenden, um angenehme Gefühle zu verstärken und positive Empfindungen zu intensivieren.

Da nicht jede Methode bei jedem auf die gleiche erfolgreiche Weise wirkt, empfehle ich Ihnen, zunächst für alle angebotenen Übungen offen zu sein, um dann die richtigen für Sie auszuwählen.

Der gute Start in den Tag

Übung:

Wenn Sie morgens mit einem schlechten Gefühl aufwachen, empfehle ich Ihnen, die folgende Übung auszuprobieren.

Vielleicht haben Sie schlecht geträumt oder ein unangenehmes Ereignis des Vortages sitzt Ihnen buchstäblich „in den Knochen". Oder Sie denken daran, dass Ihnen an diesem Tag eine unangenehme Situation bevorsteht. In diesen Fällen rate ich Ihnen, die folgenden Übungen auszuprobieren.

Die Übung ist besonders für Menschen geeignet, die gut visualisieren können. Mit Hilfe dieser Übung können Sie in kurzer Zeit negative Gefühle in positive verwandeln.

Atmen Sie mehrmals tief ein und aus. Beobachten Sie, wie sich Ihr Bauch und Oberkörper hebt und senkt. Nehmen Sie dabei alle Gefühle, die sich Ihnen zeigen, wahr, ohne sie zu bewerten. Beobachten Sie sie neugierig und neutral. Welches Gefühl empfinden Sie als unangenehm? Was will es ausdrücken? Vielleicht steckt Angst, Wut oder eine andere Emotion dahinter.

Schritt 1:

Lassen Sie ein Bild oder eine Visualisierung zu diesem Gefühl in Ihnen entstehen.

Schritt 2:

Nehmen Sie die Eigenschaften des Bildes oder der Visualisierung wahr.

- Wo genau sehen Sie das Bild? (Entfernung, rechts, links, oben, unten.)
- Wie groß ist das Bild? Ist es begrenzt, mit Rand oder unbegrenzt?
- Hat das Bild Farben oder ist es schwarz/weiß? Wenn ja, welche Farben hat das Bild? (kräftige Farben, matte Farben, bunte Farben, klare Farben, verschwommene Farben)
- Ist das, was Sie sehen, in Bewegung oder statisch?
- Gibt es Geräusche, Töne, Stimmen in dem Bild? (Ja/nein, wenn Ja, welche?)
- Bei Ja: Von wo kommen sie, sind sie laut oder leise?

Schritt 3:

Beginnen Sie, diese Eigenschaften zu verändern. Lassen Sie sich

dabei von Ihrem Gefühl leiten. Grundsätzlich ist es bei dieser Übung wichtig, dass Sie folgendes beachten. Verändert sich Ihr Gefühl positiv, verändern Sie die Eigenschaften des Bildes in dieser Richtung weiter, wird es unangenehm, steuern Sie zurück.

- Wenn Sie ein kleines Bild sehen, machen Sie es größer.
- Ist es groß, machen Sie es kleiner.
- Ist es farbig, machen Sie es schwarz-weiß und umgekehrt.
- Ist das Bild nah vor Ihnen, schieben Sie es von sich weg oder umgekehrt, holen Sie es heran, wenn es weit weg ist.

Spielen Sie mit jeder Einstellung so lange, bis Sie ein Bild haben, welches nichts Negatives mehr in Ihnen auslöst.

Wiederholen Sie diese Übung an mehreren Tagen und Sie werden feststellen, wie leicht Sie unangenehme Gefühle in angenehme verwandeln können und dann auch als positive Gefühle in den Tag mitnehmen können.

Klopfen bringt gute Stimmung

Übung:

Für diejenigen unter Ihnen, die etwas „Handfestes" für den positiven Start in den Tag bevorzugen, bietet sich die folgende Übung an. Durch das gezielte Klopfen auf spezielle Energiepunkte mit Zeige- und Mittelfinger bewirken Sie einen intensiven Spannungsabbau und ein schnelles Nachlassen der unangenehmen Empfindung.

Beginnen Sie wie in der vorangehenden Übung, indem Sie mehrmals tief ein- und ausatmen. Setzen Sie sich dazu aufrecht hin und spüren Sie in sich hinein. Wo sitzt das unangenehme Gefühl in Ihrem Körper? Welche Gedanken hängen damit zusammen?

Beginnen Sie, gleichzeitig mit dem Zeige- oder Mittelfinger Ihrer rechten Hand auf die Außenseite Ihrer linken Hand zu klopfen, dort wo sich eine kleine Falte bildet, wenn Sie eine Faust machen. Halten Sie die Hand gestreckt und klopfen Sie so, dass Sie es spüren, ohne dass es weh tut. Sagen Sie währenddessen laut dreimal hintereinander: „Ich akzeptiere voll und ganz dieses unangenehme Gefühl, diese Gedanken .....". Sie können das Gefühl auch genau beschreiben, wie z.B. „Ich akzeptiere voll und ganz diese Angst, Wut, schlechte

Laune etc. ..... in mir." Es ist hierbei wichtig, dass Sie sich dies sagen, denn nur indem Sie es zunächst akzeptieren, können Sie es anschließend loslassen. Der Klopfpunkt unterstützt Sie dabei. Achten Sie auf die Befreiung, die dieser Satz hervorruft und atmen Sie tief durch.

Oft reicht es aus, diesen Teil der Übung durchzuführen. Manchmal ist es gut, weitere Punkte zu klopfen, damit sich eine Verbesserung einstellt. Klopfen Sie dazu mehrfach hintereinander die folgenden Punkte in dieser Reihenfolge:

1. Auf Ihrer Nasenwurzel zwischen Ihren Augen,
2. unter Ihrer Nase oberhalb der Oberlippe und
3. unterhalb Ihrer Unterlippe in der Falte über dem Kinn.

Spüren Sie in sich hinein und nehmen Sie wahr, wie das unangenehme Gefühl nachlässt. Wiederholen Sie den Ablauf so oft, bis Sie eine positive Veränderung in sich spüren.

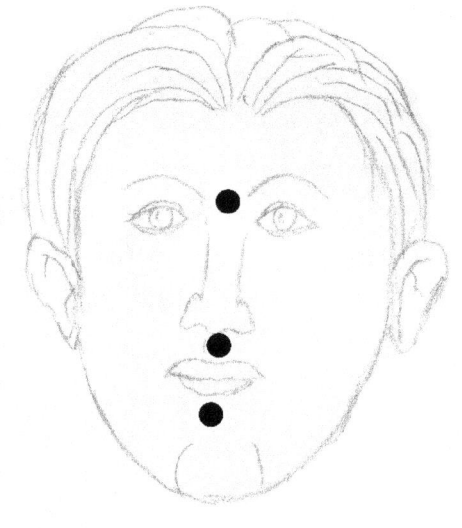

Darstellung der Klopfpunkte in Gesicht.

Die Glücksmeditation

Sie haben bereits das Gesetz der Resonanz kennengelernt. Es besagt, dass das Leben Ihnen die Dinge bietet, für die Sie offen sind. Wenn Sie bereit sind, Glück zu empfangen, wird es zu Ihnen kommen. Es hängt von Ihrem Sender ab und von Ihrer Empfangsbereitschaft. Leider haben die meisten Menschen gelernt, Ihre Empfänger sehr genau auf vermeintliche Gefahren oder Bedrohungen einzustellen. Verändern Sie deshalb Ihre Empfangsbereitschaft. Justieren Sie die Frequenzen Ihres Senders und Empfängers auf das Glück, welches Sie sich wünschen. Praktizieren Sie hierzu regelmäßig die Glücksmeditation. Nur wenige Minuten täglich reichen aus, diese Meditation auszuüben. Aber es lohnt sich. Denn dadurch werden Sie immer wieder den alten Einflüssen trotzen und sich täglich mehr dem Glück öffnen.

Was ist Meditation? Seit jeher wurde Meditation als Übung empfohlen, um Zugang zu unserem Inneren zu gewinnen. Die Meditation verbindet Körper, Geist und Seele zu einer Einheit und ermöglicht so das bewusste Erfahren Ihres persönlichen Daseins. Durch spezielle Glücksmeditation können Sie den Zugang zu den inneren Bereichen erlangen, die für die richtige

Einstellung Ihrer Frequenzen bedeutsam sind. Aus dieser Haltung heraus wird es Ihnen immer leichter fallen, sich in die Schwingung zu versetzen, die für Ihre Glückszustände notwendig ist.

Die besten Zeiten zum Meditieren sind morgens und abends. Sie können aber auch zu jedem anderen Zeitpunkt meditieren, der in Ihren Tagesablauf passt. Machen Sie die tägliche Glücksmeditation zu einem unentbehrlichen Bestandteil Ihres Lebens.

Es gibt unterschiedliche Stellungen zum Meditieren. Für die Glücksmeditation ist es wichtig, dass Sie entspannt ca. fünf bis zehn Minuten in dieser Haltung verbringen können. Natürlich können Sie auch länger meditieren, nach oben sind Ihnen keine Grenzen gesetzt.

Nehmen Sie eine entspannte und aufrechte Sitzhaltung ein. Das kann genauso gut auf einem Stuhl wie auf einem Meditationsbänkchen oder auf einem Sitzkissen mit gekreuzten Beinen sein. Wichtig ist, dass Sie darauf achten, Ihren Atem ungehindert fließen zu lassen.

Die einzelnen Schritte in der Glücksmeditation

1. Bewusstes Atmen

Beginnen Sie damit, tief zu atmen. Nehmen Sie wahr, ohne sich anzustrengen, wie in Ihnen Atemzug für Atemzug seinen Weg durch den Körper findet und in Ihrem Unterleib ankommt. Es ist völlig gleichgültig, welche Gedanken Ihnen dabei in den Sinn kommen. Nehmen Sie diese lediglich wahr, lassen Sie sie kommen und dann wieder gehen. Atmen Sie ein und aus und erlauben Sie sich dabei, zu entspannen. Machen Sie alles locker und unverkrampft. Wenn Sie ein angenehmes Gefühl in Ihrem Körper spüren, denken Sie an Ihren Wunsch oder Ihr Ziel.

2. Danken

Beginnen Sie mit einem einfachen „Danke". Vielleicht glauben Sie an Gott, an das Universum, an Engel, an die Natur oder an eine andere Energie, aus der Ihr Leben gespeist wird. Es spielt keine Rolle, woran Sie glauben und wie Sie sie nennen.

Sagen Sie einfach „Danke". Bedanken Sie sich für alle die vielen Möglichkeiten, die Sie im Leben erhalten haben und noch erhalten werden. Einige davon haben Sie genutzt, andere nicht. Durch dieses Glückskompetenztraining werden Sie immer mehr

Chancen erkennen und nutzen. Seien Sie sich bewusst, dass Sie nur mit Demut, Dankbarkeit und Offenheit für Ihr Glück dieses auch erhalten.

Senden Sie den Dank für Ihre Existenz, für Ihr Leben und für all die vielen Möglichkeiten, die Ihnen dieses Leben bietet, dorthin, wo er empfangen werden soll. Wenn Sie nicht wissen, wohin Sie Ihren Dank schicken sollen, schicken Sie ihn einfach in die Welt.

Sie können zum Beispiel folgenden Satz sagen: „Danke für diesen Morgen, an dem ich sein darf. Danke für meine Existenz, für mein Leben und die vielen Möglichkeiten, die mir dieses Leben bietet. Danke für meinen Körper, der mir hilft, durch dieses Leben zu gehen. Danke für meinen Geist, der mich lenkt. Danke, dass ich empfangen darf. Danke für die Menschen, die mir nahe stehen, danke für ...... *(benennen Sie alles, für das Sie dankbar sein können ....)* Danke!"

Ihr Dank erzeugt das Bewusstsein von Fülle in Ihnen und diese Fülle bringt Ihnen Glück und Reichtum in Ihr Leben!

3. Wünschen

Wenn Sie sich auf diese Weise bedankt haben, formulieren Sie jeden Ihrer Wünsche einzeln. Sprechen Sie ihn still oder laut aus.

Stellen Sie sich vor, wie das eintritt, was Sie sich wünschen. Gehen Sie mit Ihrer Vorstellung so in den Wunsch hinein, als hätten Sie das Gewünschte bereits erhalten. Danken Sie dafür, das dieser Wunsch erfüllt wurde und lassen ihn los wie eine Email oder einen Brief, den man abschickt. Er wird dort zugestellt werden, wo die Frequenz, in der Sie senden, ihn hinleiten wird.

Da Sie auf einer positiven Frequenz senden, wird der Wunsch auch positiv erfüllt werden. Wichtig ist, dass Sie Ihren Wunsch oder Ihre Bestellung tatsächlich vertrauensvoll loslassen. Ein Brief, den man festhält, kann nicht befördert werden. Lassen Sie Ihren Wunsch also los im Vertrauen auf das Gesetz der Resonanz. In dem Moment, wo Sie ihn loslassen, ist er schon dabei, erfüllt zu werden.

Der Motivationstrainer Bijan Anjomi drückt es so aus:
„Sag genau, was du willst. Sei dankbar, es bereits erhalten zu haben und stelle auf Empfang! Verlass dich

darauf, dass es viele Kanäle gibt, aus denen dein Wunsch erfüllt werden kann. "

Bevor Sie Ihre Meditation beenden, bedanken Sie sich noch einmal für alles, was Sie empfangen werden, so als hätten Sie es bereits erhalten!

Das Glückstagebuch

Wie bei der Glücksmeditation ist es das Ziel des Glückstagebuches, durch eine verfeinerte Innenwahrnehmung die Einstellung Ihrer Kanäle für den richtigen Glücksempfang zu verbessern. Mit Ihrem Glückstagebuch können Sie schon am Abend beginnen, für das Glück des folgenden Tages vorzusorgen.

Besorgen Sie sich dafür ein Heft oder ein leeres Buch und machen es zu Ihrem Glückstagebuch. Suchen Sie etwas besonderes, etwa ein goldenes Buch oder ein selbstgemachtes Tagebuch. Dieses Buch ist nur dafür geschaffen, alle positiven Handlungen und Taten aufzunehmen, die Sie im Laufe des Tages ausgeführt haben.

Setzen Sie sich jeden Abend einige Minuten an einen ruhigen Ort. Beginnen Sie auch hier damit, dass Sie einige Male tief ein- und ausatmen. Folgen Sie gelassen Ihrem Atem, wie er von selbst durch Ihren Körper fließt.

Beginnen Sie dann mit dem Schreiben. Notieren Sie alles, was für Sie an diesem Tag gut gewesen ist, vor allem, was Sie positives erlebt oder getan haben. Füllen Sie das

Buch mit Ihren positiven, erfolgreichen oder einfach nur angenehmen Handlungen.

Sollte es Ihnen anfangs schwer fallen, sich die guten Erlebnisse und Taten bewusst zu machen und aufzuschreiben, seien Sie versichert, es geht vielen Menschen am Anfang so. Wir haben es nicht gelernt oder schon früh verlernt, das, was wir gut machen, in den Vordergrund zu setzen. Sie erinnern sich an das, was ich über die Glaubenssätze und Werte gesagt habe. Es ist normal und gesellschaftlich erwünscht, die negativen Nachrichten zu verkünden, nicht die alltäglichen Glücksfälle des Lebens. Schauen Sie sich nur die Nachrichten oder Titelseiten der Tageszeitungen an. Manchmal kann man den Eindruck gewinnen, das es nur schreckliche Dinge, Verluste und Katastrophen auf der Welt gibt. Ich will damit nicht sagen, dass man darüber nicht berichten soll. Aber es ist nur eine Seite der Medaille. Die andere Seite scheint nicht so interessant zu sein, dass man darüber öffentlich berichtet. Sie wird als selbstverständlich im Hintergrund gehalten. Aber genau aus den guten Dingen dieser Welt erwächst unsere Kraft und unsere Lebensenergie. Man kann gar nicht genug den Fokus auf das Gute und Erfolgreiche richten, wenn man selber zu den Glücklichen gehören will.

Wenn es Ihnen also schwer fällt, Ihre erfolgreichen Handlungen aufzuschreiben, ist es höchste Zeit für Sie, ein Glückstagebuch zu führen.

Denken Sie am Abend an all die vielen Begebenheiten und Erlebnisse, die an diesem Tag gut für Sie verlaufen sind. Was haben Sie richtig gemacht, was ist Ihnen gelungen, wo haben Sie Ziele erreicht oder wo haben Sie einfach das Gefühl gehabt, gut gewesen zu sein. Bedenken Sie auch, dass es nur nicht die großen Dinge, die unsere Glückskompetenz ausmachen. Gerade die vielen kleinen Taten und Erlebnisse füllen unser Leben mit glücklichen Inhalten. Notieren Sie, was Ihnen dazu einfällt.

Überlegen Sie jetzt, was Sie heute Abend schreiben werden:

Abschließende Aussichten

Auf dem Weg zu Ihrer Glückskompetenz werden Ihnen viele schöne und wichtige Erlebnisse begegnen. Neue Erkenntnisse werden Ihnen ungeahnte Möglichkeiten darbieten. Und sie öffnen Ihnen die Tore zu Ihrem Glück. Auf diesem Weg werden Sie auch feststellen, dass das Glück sich wandelt wie das Leben selbst. Jeden Tag aufs neue haben Sie die Chance, Ihr Glück zu erschaffen. Es wartet darauf, zu Ihnen kommen zu dürfen. Es freut sich, von Ihnen gerufen zu werden. Sie wählen die Frequenz, stellen den Sender auf Empfang und schon ist es unterwegs zu Ihnen.

Manchmal ist es gut, auch neue Frequenzen zu erforschen. Das Universum ist voll von Dingen, zu Ihnen wollen. Sie entscheiden und empfangen, das ist das Geheimnis der Glückskompetenz. Nutzen Sie die unendliche Vielfalt von Möglichkeiten, die Ihnen zur Verfügung stehen, wenn Sie diese zu Ihnen vorlassen. Sie haben immer die Wahl, ob Sie bewusst Ihr Glück leben oder unbewusst empfangen, was Sie nicht mehr wollen.

Ich wünsche Ihnen auf Ihrem Weg viel Glück und die dazugehörige Glückskompetenz.

Das Geheimnis des Glücks

Ein Mann kam zum Meister und wollte von ihm wissen, was das Geheimnis eines glücklichen Lebens sei.

Da sagte der Meister zu dem Mann: "Mach jeden Tag einen Menschen glücklich.....!"

Nach einer Weile fügte er hinzu: "... selbst wenn dieser Mensch du selbst bist."

Und noch ein wenig später sagte er: "Vor allem, wenn dieser Mensch du selbst bist."

Anhang

Was ist NLP?

NLP ist ein effektives Kommunikationsmodell, dessen Techniken tief greifendes Lernen und persönliche Weiterentwicklung ermöglichen. Es kann im Beruf genauso wie im Privatleben als die Grundlage guter Kommunikation und zielgerichteten Verhaltens genutzt werden. Aufbauend auf einer sehr genauen Wahrnehmung und einem bewussten Gebrauch der Sprache bietet NLP vielfältige Möglichkeiten, das Wachstum der eigenen Persönlichkeit zu fördern, neue Einblicke und Erkenntnisse zu gewinnen und so Strategien für ein erfolgreiches und zufriedenes Leben zu entwickeln.

Mit Hilfe von NLP-Techniken können wir einschränkende Verhaltensweisen so verändern, dass durch ein neues Erleben dieser Situationen ein erfolgreiches Handeln erwächst. Das Verständnis dessen, was in uns geschieht, was wir glauben und was uns fehlt, schenkt uns die Möglichkeit, das Leben im Einklang mit uns selbst zu gestalten.

NLP basiert auf den drei Grundpfeilern:

Neuro

für lnformationsverarbeitungssystem von Nerven und Gehirn

Linguistisch

für Sprache, insbesondere deren Struktur und Umsetzung

Programmieren

für Entwickeln und Erkennen von Lernstrategien

Wo können Sie mehr zu NLP erfahren und erlernen?
Seminare und Weiterbildungen bietet der Autor Wolfgang
Brylla in seinem Institut WBSeminare & NLP an.
Ausführliche Informationen erhalten Sie unter
www.WBSeminare-nlp.de

Mehr erfahren zum Thema NLP und zu den vielseitigen
Möglichkeiten, die NLP bietet, können Sie auch beim
Deutschen Verband für Neurolinguistisches
Programmieren (DVNLP e.V.), www.dvnlp.de

Anmerkungen und Informationen

Seminare & Coachings mit Wolfgang Brylla

- Tagesseminare zum Thema Glückskompetenz und Resilienz
- Wochenendseminare zum Thema Glückskompetenz und Resilienz
- Abendseminare
- NLP-Ausbildungsseminare
- Ausbildungseminare zum Coach
- Systemisches Einzel- und Teamcoaching,
- Trainings und Seminare zur beruflichen Orientierung und Zielfindung
- Coaching bei Flugangst, Lampenfieber, Prüfungsangst u. Leistungsstress

Kontakt und weitere Informationen

Wolfgang Brylla
e-mail: w.brylla@wbseminare-nlp.de,
und im Internet www.wbseminare-nlp.de

Literaturverzeichnis

Antony Robbins,	Grenzenlose Energie. Das Powerprinzip	Heyne-Verlag
Byron Katie	Lieben was ist: Wie vier Fragen Ihr Leben verändern können	Goldmann Verlag
Connirae und Steve Andreas	Mit Herz und Verstand	Junfermann
Cora Besser-Siegmund	Magic Words: Der minutenschnelle Abbau von Blockaden	Junfermann
Fred P. Gallo, Harry Vincenzi, und Karin Beeck	Gelöst, entlastet, befreit: Klopfakupressur bei emotionalen Stress	VAK Verlags GmbH
Gerald Hüther	Die Macht der inneren Bilder. Wie Visionen das Gehirn, den Menschen und die Welt verändern	Vandenhoeck & Ruprecht
Gerald Hüther	Biologie der Angst. Wie aus Stress Gefühle werden	Vandenhoeck & Ruprecht
Gerald Hüther	Bedienungsanleitung für ein menschliches Gehirn	Vandenhoeck & Ruprecht
Jiddu Krishnamurti	Einbruch in die Freiheit	Integral
Manfred Spitzer	Lernen: Gehirnforschung und die Schule des Lebens	Spektrum Akad. Verlag
Milton H. Erickson, Sidney Rosen	Die Lehrgeschichten von Milton H. Erickson	Iskopress
Philipp	Psychologie des Glück	Kohlhammer

Mayring,		Verlag
Rhonda Byrne und Karl Friedrich Hörner	The Secret - Das Geheimnis	Goldmann Verlag
Richard David Precht	Wer bin ich - und wenn ja wie viele?: Eine philosophische Reise	Goldmann Verlag
Robert Betz	Raus aus den alten Schuhen! Dem Leben eine neue Richtung geben	Integral
Stefan Klein	Die Glücksformel: Oder Wie die guten Gefühle entstehen	Rowohlt
William Arntz, Betsy Chasse, Mark Vicente	Bleep: An der Schnittstelle von Spiritualität und Wissenschaft	Vak-Vverlag

Vom Autor Wolfgang Brylla sind bereits folgende CD, Sachbücher, Ratgeber und ein Roman erschienen:

Frei und gelöst von Angst und Stress - Resilienz mit NLP

Audio-CD

Resilienz nennt man die psychische Widerstandskraft, die den Menschen in die Lage versetzt, Krisen und schwierige Zeiten zufriedenstellend zu meistern.

Mit Hilfe dieser CD erhalten Sie die Möglichkeit, diese Fähigkeit zu entwickeln oder zu stärken, indem Sie lernen, einschränkende Verhaltensweisen und negative oder belastende Gefühle wie Angst und Stress so zu umzuformen, dass Sie Ihr Leben reicher und glücklicher gestalten können.

Diese CD hilft Ihnen, in nur wenigen Schritten neue Wahlmöglichkeiten in ihr Leben zu integrieren. Dadurch werden Sie Ihren Alltag freier, zufriedenstellender und glücklicher gestalten können.

Diese CD besteht aus vier Teilen.

Nach dem Einführungsteil werden Sie eingeladen, einige Fragen zu Ihrem Thema zu beantworten, durch die Sie eine neue Sicht Ihrer Problematik entwickeln. In Teil 3 haben Sie Gelegenheit, während einer intensiven Phantasiereise das, was Sie belastet, in Ihren Wunschzustand zu transformieren. Und in Teil 4 steht ihnen eine Kurzversion zur Verfügung, sozusagen eine „Resilienz-Tankstelle" für jeden Tag, mit der Sie zwischendurch ohne großen Zeitaufwand im Alltagsleben Ressourcen auftanken können.

Die CD erhalten Sie bei Amazon und beim Autor

Beruflicher Erfolg und erfülltes Leben mit dem B.E.L.L.A.-Prinzip
Autor Wolfgang Brylla

Sie suchen neue Wahlmöglichkeiten für Ihr Leben? Sie möchten Ihren beruflichen und privaten Handlungsspielraum erweitern? Sie träumen von beruflichem Erfolg und einem erfüllten Leben?

Dieses Buch gibt Ihnen Antworten, wie Sie all das erreichen können. Anschaulich und abwechslungsreich zugleich stellt Ihnen dieses Trainingshandbuch verschiedene Modelle und Veränderungstechniken u.a. aus dem Neuro Linguistischen Programmieren (NLP) zur Verfügung, die Ihr selbstbestimmtes und kompetentes Handeln für ein erfolgreiches und erfülltes Leben fördern. In leicht verständlicher Sprache liefert der Autor zunächst Hintergrundwissen aus der aktuellen Gehirnforschung, NLP und der Systemtheorie, um dann in vielen praktischen Beispielen und äußerst wirkungsvollen Übungen zu zeigen, wie Sie eigene Lösungen entwickeln und Ihre Ziele in allen Lebenslagen umsetzen können.

Das Buch ist als E-Book und als Taschenbuch erschienen. Es ist erhältlich bei Amazon

Vom Verdruss zum Genuss - Selbstcoaching zur erfolgreichen Lebensgestaltung

Dieses Buch ist für Menschen geschrieben, die in ihrem Leben nach neuen Möglichkeiten für ihr Wohlbefinden Ausschau halten und ihren Handlungsspielraum selbstständig erweitern möchten. Das Geheimnis einer erfolgreichen, positiven Veränderung besteht darin, die Fähigkeit zu besitzen, sich selbst die Liebe und das Vertrauen zu geben, die man braucht, ohne dieses bewusst oder unbewusst von anderen Menschen zu erwarten und einzufordern. In diesem Buch führt Sie der Autor in sechs

Schritten dorthin, wo Ihre Kraft und Stärke liegen. Sie gelangen zu Ihren inneren Schätzen und erleben, wie großartig es ist, diese zu befreien. Sie erfahren die einmalige Wirkung, die in der selbstgeschaffenen Erlaubnis liegt, Ihr Leben frei zu entfalten. Der Autor bietet Ihnen die Gelegenheit, schon während des Lesens damit zu beginnen, Ihre positive Verwandlung selbstständig umzusetzen.

Taschenbuch, 108 Seiten, Shaker Verlag: ISBN 978-3-86858-796-8

„Das gelbe Café" – Roman

Dieses Buch handelt vom Suchen und Versuchen, vom Verlieren und Wiederfinden, von Liebe, Vergänglichkeit und Quantenphysik, vom Leben, Sterben und einer Reise zu sich selbst, die von Düsseldorf über Lissabon nach Tavira zu den Menschen im gelben Café führt.

Der Roman erzählt die Geschichte eines Mannes, der in einem renommierten Architekturbüro in Düsseldorf arbeitet. Er ist Ende vierzig und ignoriert seine Midlifecrisis ebenso wie die Anzeichen eines beginnenden Burnouts, welche er mit verstärktem Alkoholkonsum zu verdrängen sucht. So verstrickt er sich immer tiefer in die eigenen Selbstlügen. Auf seinen langen Spaziergängen durch die herbstkalte Stadt verschwimmen dabei die Grenzen zwischen Fantasie und Wirklichkeit. Erinnerungen an seine Kindheit und deren traumatisierende Erlebnisse mischen sich mit seinen Erlebnissen als junger Mann in Düsseldorf, wo in den Kneipen der Ratinger Straße zwischen Punks und den Künstlern der Kunstakademie sein erster Ausbruchsversuch scheiterte.

Wieder einmal angetrunken surft er im Internet und bucht „aus Versehen" ein Selbstfindungsseminar zur Jahreswende in Süddeutschland. Nach anfänglichen inneren Widerständen reist er zu dem Event. Doch schon nach zwei Tagen flüchtet er von dort und gelangt an Silvester nach Lindau am Bodensee. Nach einer intensiven Silvesterfeier glaubt er eine Erleuchtung zu haben, welche ihn veranlasst, sein bisheriges Leben in Frage zu stellen. Nach anfänglichem Zögern beschließt er, seinem Alltagsleben ins südliche Ausland zu entfliehen, wo die Sonne seine Wunden heilen soll. In dem kleinen Städtchen Tavira an der Ostalgarve beginnt er, zu sich selbst zu finden. Doch das ist kein leichtes Unterfangen. Im „Gelben Café" lernt er Menschen kennen, die alle auf ihre eigene Weise versuchen, das Leben zu meistern. Einigen von ihnen ist ein Geheimnis eigen, welches sie zu dem gemacht hat, was sie sind.

Diese Menschen lehren ihn auf ganz unterschiedliche Weise, hinter die Wand seiner eigenen Fassade zu schauen und diese gleichzeitig als notwendiges Schutzschild anzuerkennen. Schritt für Schritt lernt er, das, was ihn und sein Leben ausmacht, anzunehmen. Er verliebt sich in eine Lehrerin, die an der deutschen Schule in Faro arbeitet. Die beiden kommen sich sehr nahe. Zu nahe, wie sich zeigt. Das überraschende Ende dieser kurzen, aber sehr intensiven Liebesbeziehung wirft ihn zurück in seine alten Lebensformate. Wieder flieht er vor sich selbst und der Situation. Er packt seinen Koffer, verlässt die Menschen, die ihm lieb geworden sind und gelangt mit dem Überlandbus nach Lissabon, wo er wider Erwarten mehr von sich erfährt, als er beabsichtigt hatte. Denn in der Metropole Lissabon macht er Erfahrungen, die ihn auf eine besondere Weise beeindrucken. Als er glaubt, endlich auf dem richtigen Weg zu sein, erreicht ihn eine schockierende Nachricht.

Das Buch ist als E-Book und als Taschenbuch erschienen. Es ist erhältlich bei Amazon